아무렴 어때.

Kim

아무렴 어때

들어가는 글

이 책은 나의 우주가 담긴 상념의 기록이며 사사로운 서사이다. 나는 행복과 불안과 희망을 전개하는 과정에서 숨을 쉬고 삶을 이해한다.

이 책을 읽는 당신에게 대단한 무언가를 주고자 하는 목적은 없다. 다만, 당신의 인생만큼 벅차게 흘러가는 내 인생의 상념과 평안의 의지가 당신에게도 전달되어 잠시나마 진동 없는 인생을 걸어갈 수 있는 징검다리 한 개쯤은 놓아줄 수 있었으면 하는 바람이다.

삶을 살아가는 방법이 따로 있는 것도 아닌데 좀 내려놓고 살면 어떤가. 남과 같지 않다고 내가 원하는 대로 살아지지 않는다고 삶이 무너지지는 않는다. 조금은 그냥 그런대로 자유롭게 살아가려는 마음이 있으면 삶은 더 가볍고 행복해진다.

> "그림이나 글로 나를 고백하는 것은 나의 열기를 풀어놓는 일이다. 부끄러움이나 멋짐이 있지는 않다. 부서져 있는 듯한 나도 일러스트를 그리고 글을 쓸 때만큼은 하나로 합쳐지는 느낌이다. 몸과 영혼에 어떤 불

안도 없이 우거진 숲속의 길을 가벼운 여우처럼 달려간다. 그러나 대부분의 경우에 나는 자주 길을 잃으며 사자의 하품에도 소스라치는 한없이 약한 존재이며 부서지는 존재이다."

- 저자의 에세이 중에서

삶은 녹록하지 않다. 그런 삶 속에서 좌절하는 나의 모습도 극복하는 나의 모습도 모두 나의 흔적들이다. 삶은 이겨낼 수 없다. 그저 주어진 시간을 끈기 있게 살아갈 뿐이다. 삶을 죽어가는 과정이라 말하는 염세적인 시선은 삶에 맞대응하는 어리석음에서 비롯한다. 내게 있어서 삶은 살아내는 과정이다. 그 과정에서 술회하듯 풀어내는 나의 상념은 언제나 현실과 맞닿아 있다.

현실로부터 태어난 상념은 진실의 과정이며 영혼의 서사이다. 삶을 대하는 나의 태도는 사유이다. 무념무상의 상태가 무엇인지 나는 알지 못한다. 끝없이 삶을 사색하고 선을 그려나가는 것. 내가 숨을 쉬고 살아가는 방식이다.

목
차

들어가는 글

마음에
빛이
닿다

14	숨구멍을 내다
18	살맛이 난다
22	아침이 좋아
26	부상
32	천둥을 날리며
36	나누고 싶은 마음
40	꽃이 되다
44	미래신호
48	소유에 대한
52	나답다는 것
56	나이에 대한 인식
60	의식이 흐르는 대로
64	과거의 기억에 얽매이지 않는다

사색의
숲에
풀어놓다

70 누군가의 슬픔을 안다는 것은
74 사랑한다 미워한다
78 사랑의 범위
82 극장 문 뒤에 숨어 도사린 것이
    만약 삶이라면
86 꿈속에 존재하는 나
90 타인으로 살아가기
94 있어야 할 자리
98 굴욕감
102 예술을 만나는 이유

계절은
나를
위로하고
나는
사유한다

- 108 봄날에
- 112 5월에
- 116 그래도 여름은 오고 있다
- 122 바람의 유희
- 126 비와 상상
- 130 여름 되기
- 134 은총
- 138 빛이 산란한 장마
- 142 Autumn Songs
- 146 늦잠예찬
- 150 오늘도 가을
- 154 가을이 오면 열매가 익는다
- 160 한겨울에
- 164 느닷없는 봄날이

일상의
사색으로
삶 안에서
숨쉬기

- 170 겨울이 가고 첫 드라이브를 나가다
- 174 어느 봄, 아침 여섯 시
- 178 왁스플라워 향기
- 182 편한 것이 좋아
- 186 모토 아레나에서 바이크 홀릭
- 192 햇살과 놀다
- 196 아무렴 어때
- 200 소음 속에서 길을 찾다
- 206 엄마의 여름
- 212 미술관 가는 길
- 216 낮잠
- 220 증평에서의 오후
- 226 살다 보면 삶이란
- 232 잠 이루는 밤을 위하여
- 238 필라테스 날다
- 242 타이완, 타이베이 그리고 나
- 248 카르마
- 254 시선에 대한 오해
- 260 물컵을 채우다
- 266 조도 13,400lux의 아침
- 270 어느 가을 마지막 류머티즘 기록
- 276 멈추지 않는

나가는 글

마음에 빛이 닿다

숨구멍을 내다

•
힘들지 않은 인생도,
힘겹지 않은 사람도 없다.

뜰에 꺾여 쓰러져 있는 꽃 한 송이를 주워 와서

화병에 꽂고 물을 먹였다.

시들어 가던 여리여리한 꽃이 제 몸 꺾인 줄도 모르고

꼬박 하루 동안 화사하게 피었다가 갔다.

책의 원제는 '숨'이었다. 삶은 곧 숨이고 숨은 곧 삶이라는 의미로 친구가 지어준 제목이었다. 내게 삶은 숨을 쉬는 것이다. 물고기는 물속의 산소를 받아 아가미로 숨을 쉰다. 호흡을 통해 아가미 표면에 새로운 물을 계속 보내주어 물속에 남아 있는 산소를 들이마시고 이산화탄소를 배출하는 방식이다. 물을 매질로 하는 호흡법이라 물 밖에서는 당연히 호흡하지 못한다.

나는 글과 그림을 매질로 사용한다. 급작스레 숨이 멎을 듯이 괴로워 응급실에 실려 가던 날에, 새벽에 문을 열어젖히고 휴대용 산소호흡기로 심호흡을 하면서도 제대로 숨이 쉬어지지 않아 죽을 것 같다고 생각했던 날이었다. 어떤 신체적인 이상도 발견되지 않았고 큰 바위에 짓눌린 듯 갑갑했던 가슴은 다음 날 오후쯤에는 언제 그랬냐는 듯이 깨끗하게 가라앉아 있었다.

그날 이후로 나는 마음의 숨을 쉬기 시작했다. 일러스트를 그리고 글을 쓰며 나의 숨구멍을 뚫었다. 작업을 하는 동안은 현실의 나라는 사람과 결별한 듯했다. 나는 나와 나의 영혼을 동일시하지 않으려고 애썼다. 시간이 가면서 적어도 마음이 힘들 때 호흡을 멈추는 일은 없었다. 생각해보면 상황은 변하지 않았고, 세상에 보드라워진 것은 나였으며 나는 그저 숨을 쉬고 있었을 뿐이다.

세상이나 사람이나 쉽게 바뀌지 않는다. 그것 때문에 내 숨을 스스로 틀어막지는 말아야 한다고 늘 내게 집중한다. 숨틀막(숨을 틀어막는 행동)을 하는 대상을 대하는 방법도 조금씩 터득해 간다. 불가능한 설득을 내던졌다. 화를 내어서 풀어내려고 하는 착각도 접었다. 부서져 재가 되려는 게 아니라면 화는 아무 도움도 되지 않는다. 격하게 치닫는 감정을 다스리며 스스로 흔들리지 않으면 내 일상을 지켜낼 수 있다고 끊임없이 되새긴다.

힘들지 않은 인생도, 힘겹지 않은 사람도 없다. 인생을 즐길 줄 아는 사람과 아닌 사람의 작은 차이가 있을 뿐이다. 그것은 나를 지켜낼 수 있느냐 없느냐의 차이이기도 하다. 부딪히는 것들에 일일이 반응하지 않고 힘든 마음을 풀어낼 숨구멍을 만들고 숨을 멈추지 않는다. 내 마음이 여유롭게 숨을 쉬어야 고난의 시간에도 이길 힘을 얻는다. 어느 때라도 나를 둘 자리는 남겨두고 세상을 대한다.

살맛이 난다

나는 따스한 햇살 들고 살랑대는
봄바람 같은 잔잔한 휴식이 있는
삶을 원한다.

한 방향으로 계속 원을 돌고 있어 어지럽거든

반대 방향으로 돌면 된다.

일상이 언제나 시처럼 아름답고 단정하게 정제된 그림이라면 좋겠다. '사는 맛'이라는 표현이 있다. "인생이 쉽기만 하면 살맛이 없지 않냐."라고도 하고 힘든 하루 일과를 마치고 소주 한 잔을 들이키며 "이게 사는 맛이지."라고도 한다.

 내게 '사는 맛'이란 구름 위에 가볍게 몸을 누인듯한, 삶을 뒤흔드는 거센 진동이 없는 그런 맛이다. 큰 즐거움에 쉽게 감응하는 마음은 슬플 때도 크게 좌절하기 마련이다. 롤러코스터 같은 삶은 나를 불태우기도 하고 순식간에 얼음조각처럼 얼어붙게도 하면서 극기훈련처럼 마음을 혹사하기 십상이다. 나는 따스한 햇살 들고 살랑대는 봄바람 같은 잔잔한 휴식이 있는 삶을 원한다. 늦은 아침에 느긋이 글을 쓰며 맞는 하루에 감사한다.

 창문을 열어젖히니
 계절이 훅 들이닥친다.
 잠이 덜 깬 눈 속으로
 반쯤 벌어진 입속으로
 헝클어진 머리카락 사이로

 반대쪽 창문마저 열어
 집 안에 갇힌 그놈을 반긴다.
 덩달아 어깨춤이 난다.

시간을 넘나드는 파가니니
막춤 추던 우리들 아래로
바이올린 소리 쨍하게 깔아준다.
흥겨운 아침이다.

들뜨지 않고 좌절하지 않으며 하루를 살아가고 싶다. 부족하다, 족하다 심판하지 않으며 담백하게 엮어가고 싶다. 살다 보니 인생에는 다양한 형식과 다채로운 그림이 필요하더라. 요즘은 일상이 새로운 그림을 그리는 과정에 있고 기대가 또 기대를 낳는, 한 걸음마다 작은 반딧불이 안내하는 계단을 살살 오르는 느낌이다. 차분히 오르다 보면 어딘가에 다다르겠지 생각하며 발을 내딛고 있다. 거센 파도 없는 바다 위에서 살짝살짝 일렁이며 떠가는 느낌이 마냥 좋다.

아침이 좋아

●
청아하고 달콤한 향기 나는 아침에는
고양이 노는 소리를 듣고 싶어진다.

숨죽인 공기가 서서히 감도는 아침에 집 안을 서성이며 걷다가

하품을 하고 기지개를 켜고 부족한 잠을 그리워하며

소파에 드러눕는다. 다시 잠이 들 것 같지는 않지만

등이 지긋이 소파를 밀어내며 무게를 내려놓는다. 안락하다.

그것으로 편안하다.

대지를 깨우는 아침에 나는 쉽게 잠에서 달아나지 못하고 밤의 침묵이 없음을 애달파한다. 다시 돌아온 아침에 감긴 눈을 뜨고 몸에 에너지를 불어넣으려 애쓰고 있다. 일주 내내 그랬듯이 한결같은 신선함과 깨끗한 공기를 선사하는 아침이 문을 열어달라 재촉한다.

소파에 드러누워 있는 축 처진 몸뚱이는 게으르고 둔하다. 피로한 몸을 굳이 일으켜 햇살을 맞이하고 싶지가 않다. 어제까지 찬양과 찬사를 아끼지 않았던 태양의 노래와 바람의 전설은 오늘 아침 피곤한 관절 마디마디에 통증을 느끼면서 쉽게 물리쳐졌다.

가슴과 몸이 전혀 다른 대화를 주고받는다. 의견이 좁혀지지 않으면 나는 소파에서 1인치도 떨어지지 않고 가만히 누워 편안함을 즐길 거다. 소파는 밀어내려 하지 않고 나는 일어날 의지가 없으니 불편할 게 없다.

아침은 햇살을 집으로 더 바짝 밀어 넣고 말한다. 일어나고 싶지 않으면 죽음을 맞듯이 그대로 누워 있어라. 움찔 놀라 이런저런 상념이 머릿속에 떠오르기 시작한다. 욱신대는 손가락의 관절을 손가락 끝부터 마디마디 접어 주먹을 쥐었다가 마디마디 풀어 손바닥이 하얗게 되도록 펼치는 걸 반복한다. 내게 죽음이란 단어는 어울리지 않는다.

오늘 나는 아몬드와 생과일을, 특히 블루베리를 잔뜩 넣은 신선한 그릭요거트를 아침 식사로 먹을 거다. 여전히 300페이지에 멈춰 있는 시몬 드 보부아르의 《노년》을 읽어야 한다. 요가로 머리부터 발끝까지 내 몸이 아닌 듯 갈라놓고 이완시켜 유연해지면 샤워를 하고 노트북을 들고 매일이 익숙한 카페를 갈 것이다. 쌉쌀하고 달콤하고 부드러운 라테를 빨아들이며 아직은 봄인 봄을 만끽할 테다.

몸을 일으켜 드디어 아침을 맞는다.

부상

넘어지면 쉬어가더라도
멈추지 않고 걸어간다.

무형이 아닌 모든 것은 머묾과 떠남의 과정을 거친다.

한 번으로 끝나기도 하고 여러 번 그런 과정을 거치기도 한다.

그것은 일종의 무두질이다. 우리는 그 과정을 통해 성숙해진다.

성숙함은 더 이상 힘들지 않아도 된다거나 어른이 되었다는

뜻이 아니다. 성숙함은 삶에 근력이 생기는 과정이다.

힘줄과 살이 근육음을 내며 보다 더 열중하여 삶은 굴러간다.

"악!"

외마디의 비명과 함께 나는 콘크리트 바닥에 양손을 짚고 이마를 부딪히며 뻗어 있었다. 오른쪽 무릎에서 화끈거림이 느껴진다. 바이크는 내 왼쪽으로 넘어져 있고 헬멧으로 부딪힌 이마는 잠시 멍했다. 내가 몸을 일으키기도 전에 달려온 사람들이 괜찮냐고 나의 몸 상태를 살폈다. 속도를 컨트롤하지 못해 바닥에 우습게 뻗어버린 나는 민망함이 앞서 괜찮다며 툴툴 털고 일어나 누군가가 세워놓은 바이크에 다시 올라탔다. 괜찮다는 걸 보여주려는 듯이 나는 쉬지 않고 바로 바이크를 움직였다.

이틀째부터 바닥을 짚었던 손에서 열이 나고 욱신거리고 손가락에 힘을 주기가 힘들었다. 그 상태로 다음 날에 다시 바이크를 탔다. 서킷을 도는 날을 놓치고 싶지 않았다. 약을 먹고 아픈 손을 참아가며 네 시간 정도 트랙을 돌았다. 다음 날에 손가락을 전혀 굽힐 수가 없어서 그제야 정형외과를 갔는데 손바닥의 중요한 인대가 심하게 터졌다고 한다. 바닥에 부딪혀서 놀랐던 이마나 무릎은 괜찮은데 정작 아무렇지 않게 생각했던 손바닥은 깁스를 할 정도로 다쳐 있었다.

열 번 정도 주사를 맞아야 인대가 잘 붙을 거라고 하는 말을 듣고 깁스를 왼손에 감고 집으로 돌아왔다. 깁스를 하니 생각보다 많은 부분에서 생활이 불편해졌다. 그 불편함으로 나는 그제야 아픈 사람이 되었다. 충격을 받은 곳과 아픈 곳이 다른 것에 대하여 어이없다는 생각을 하면서 깁스를 요리조리 살펴보며 혀를 끌끌 찼다.

 손쉽게 하던 모든 일들에 할 수 있느냐 하는 질문을 던지게 되었다. 삶은 정말 음험하다. 모든 과정이 정답인 양 잘 흘러가다가도 순식간에 다리를 걸어 넘어뜨린다. 절뚝거리며 살아가는 모습을 보며 희열을 느끼는 것일까. 내 영혼이 좀 더 강해지길 바라는 걸까. 무엇이든 삶이란 내게 꼭 해내야 할 과제이지만 환영할 수는 없는 애증의 관계이다.

 삶은 행복하다 느낄 때 갑자기 비열해지고는 한다. 경고는 서서히, 발화는 강하게… 삶은 한 번도 너그러운 적이 없다. 오히려 거친 삶을 감싸안는 나의 영혼이 삶을 부드럽게 보이게 한다. 삶은 갑이고 내가 을임을 부정하지 않는다. 버티고 나갈 뿐 단 한 번도 삶을 완전히 이겨본 적이 없다. 삶은 그렇게 태어났고 나는 우주의 티끌 중의 티끌로 태어났다.

 다만 나는 티끌의 삶을 지치지 않고 살아내는 것으로 내 운명을 끌어나가고 있을 뿐이다. 삶은 물러섬을 모른다. 나는 더 열심히 넘어지고 일어나며 삶을 농락이라도 해보련다. 넘어져서 일어나지 않는 것은 전적으로 삶에 먹혀버리는 것. 나는 지지 않고 살아간다.

내 삶의 에피소드가 줄줄이 엮여서 생의 마지막 문구에 주인으로 살다 갔다는 한 줄이 적히기를 바란다.

천등을 날리며

●
그대 머문 자리마다
행운과 행복이 함께하기를.

그녀가 행운을 좇는 동안 행복은 조금씩 멀어져 갔다.

행운이 찾아온 그 하루에 소망했다.

이제 행복하게 해달라고.

타이완 여행 중에 천등을 날렸다. 소원이 아니라 희망을 담은. 비가 부슬부슬 내리는 하늘을 거꾸로 솟아오르는, 비를 뚫고 멀리 솟아오르는 종이등을 보면서 나의 모든 사랑하는 지인들과 나의 건강과 행복, 사랑을 응원하는 제사장의 의식처럼 느껴졌다.

나는 비닐우비를 입은 영험하지 못한 제사장이지만 천등이 비를 뚫고 하늘로 꾸역꾸역 떠오르듯이 나의 마음이 어떤 영험함보다 더 강하게 빛을 발해 모두에게 전해지기를 바라면서 두 팔을 높게 뻗으며 서 있었다.

밥만 먹어도 어찌어찌 살아갈 수 있겠지만, 밥조차 먹지 못하는 세계가 여전히 존재하고 밥만으로 살아갈 수 없는 세계에는 꿈을 잃어가는 영혼들의 무덤이 존재한다. 무덤이 점점 더 늘어서 이제는 켜켜이 쌓여가니 서로가 서로의 시들어 가는 모습을 보고 보듬어 줄 여유조차 없다.

스스로의 어둠과 슬픔을 마주할 용기도 나지 않아 타인은 그저 타인이길 바라게 된다. 그럼에도 실은 매일 천등을 날리며 산다. 천등을 날리는 열기가 꺼지지 않기를 바라며 매일 작은 불을 지피며 작디작은 천등을 수없이 올려 보낸다.

어쩌면 신의 존재를 믿는 것은 살아가는 데 그리 중요하지 않은지도 모른다. 나의 믿음과 희망이 신이 되어준다면 그 힘으로 살아갈 수 있다. 타이베이에 다다른 수많은 타국인들이 천등을 날리는 희끄무레한 하늘을 바라보며 세상에 없는 희망이 그들에게 또 그들의 사랑하는 이들에게 닿기를 바랐다.

천등을 띄우던 그날에, 내가 감히 신을 대신했던 그날에 나의 가슴과 눈과 입을 스쳐 지나간 모든 이름과 얼굴들, 좋은 기억 속의 모든 이들에게 희망이 있는 삶이 존재하기를.

나누고 싶은 마음

●

선하지 않아도 좋고
베풀지 않아도 좋다.
곁에 머물러 주는 것만으로.

…함께해서 더 커지는 행복은

손안에서 쉽게 놀리지만

갖지 못했을 때 애가 타고 좌절하는

어린아이의 장난감과 같다.

지금의 나는 어제까지의 나와 다르다. 나의 심장에는 불타지 않지만 고요한 함성이 있다. 아침에 나조차 돌아보지 않는 오늘의 시작을 돌봐주는 사람이 있었다. 그 마음은 진실한 친절함이었다. 가슴을 적시는 절대로 누군가를 황량하게 두지 않을 것 같은 공감의 마음이었다. 그 마음이 보듬은 나는 심장에 꺼지지 않을 불꽃을 심었다.

살아가는 매 순간마다 죽고 싶은 친구가 있다. 간신히 용기를 내어 오픈했을 독립서점은 책 손님을 기다리는 곳인지 그녀가 갇혀 있기 위한 곳인지 알 수 없지만, 그곳이 그녀의 희망인 것은 틀림없다. 나는 죽음의 말들을 뱉어내는 그녀를 보면 오히려 안심이 된다. 마음 밖으로 어둠에 깃든 말들을 토해냈으니 적어도 그녀는 오늘 죽지는 않을 것이기 때문이다. 그녀의 손에 가득 쥐어졌을지 모를 흰색의 위험한 알약들이 오늘 밤에도 손가락 사이로 흘러내리게 하기를 내 영혼을 다스리는 존재(다양한 이름으로 불리는 신)에 가슴으로 기도한다.

나를 돌보아 주었던 사람의 마음을 나도 그녀에게 나눠주고 싶다. 누군가의 불행과 처절함을 알게 되면 외면하지 못한다. 내가 보는 파란 하늘이, 밤하늘을 수놓는 가슴 뛰는 우주의 흔적이 그녀에게는, 누군가에는 모두 죽음이라고 생각하면 어떻게 혼자 행복할 수 있을까. 오늘 그녀를 위해 짧은 편지를 썼다.

그대가 존재하지 않는다면 무엇도 존재하지 않는다. 그대가 마시던 커피잔, 책상 위에 펼쳐져 있는 516페이지의 책, 메모를 끄적대던 몽당연필… 그대가 지배했고 그대의 존재를 증명하는 사소한 증거들. 그대는 거기에 있고 살아 있다. 축하한다. 그대의 생존을.

손바닥만 한 마음이라도 나누어 그 깜깜함을 잠시라도 가려주었다면 좋겠다. 오늘 한 사람으로부터 시작한 선한 에너지가 나를 통해 또 다른 사람에게 릴레이 될 것이다. 그 에너지는 누군가에게는 소금이 되고 누군가에게는 바닷바람이 되어 하루의 맛을 북돋아 줄 거라고 믿는다.

꽃이 되다

행복은 내가 피는 곳에
피어난다.

그늘에 피는 꽃도

꽃이다.

묵묵히 하루를 살다 보면
어느새 일 주를 살고 한 달을 살고 일 년을 산다.
비가 내리고 볕을 쐬고 바람을 맞고
살을 에는 추위를 견디면
바위틈에서 꽃이 피고.
너의 꽃은 이미 피었을까 피고 있을까.
나는 꽃이 된 적이 있는가.
이제야 꽃을 피우고 싶어지는데…

미래신호

미래는 이제 가는 중이다.
서두르지 말고 찬찬히 읽어가자.

…삶은 멀리서 오는 해일이다.

살면서 지금까지 미래를 알려주는 신호는 없었을까 생각해 본다.

벅찬 일이 생길 때에도 힘든 일이 생길 때에도 멀리서 종소리가 들렸던 거 같다. 아주아주 작지만 시간을 공들여, 그 신호를 어떻게 받아들였느냐의 차이가 간혹 인생의 변곡점을 만든 건 아닐까. 오늘도 종소리가 울리고 있을지 모른다. 행복을 예감하는 소리일지 불행을 경고하는 소리일지 귀 기울여 주파수를 맞춰본다.

소유에 대한

●
가진다는 것이
삶의 가치를 증명하지는 않는다.

사랑했던 사람, 사랑했던 기억, 사랑했던 사물의 모든 것을

감각으로 느낄 수 있다면 전부를 소유해도 부족하다 느끼겠지.

놓아보면 안다. 얼마나 무거웠는지를.

언젠가 내가 소유했던 모든 것들을 떠올려 본다. 나는 마음이 떠돌며 두근대던 한 사람을 소유했었고 내게 전폭적인 사랑을 쏟아내고 세상을 떠난 나의 강아지 찌미를 소유했었다. 수많은 물건을 소유했었고 때때로 낯선 이의 마음을 소유했다. 지금 내게는 그들 중 무엇도 남아 있지 않다.

애초에 소유를 한다는 것은 잃는다는 것을 의미한다. 내 것이 아니라면 떠나지도 않을 것들을 소유함으로써 나는 이별의 비극을 되풀이한다. 오늘 소유한 모든 사람과 물건 또한 언젠가는 이별을 해야 하는 안타까움이다. 잃지 않는 것은 오로지 내 안에 남아 있는 느낌과 냄새와 감동이다.

그것들은 대부분 감각적인 것들이며 이성으로 컨트롤하거나 인위적으로 지울 수 없는 것들이다. 나는 그것들이 지구별을 떠나는 그날까지 나로부터 멀어지지 않을 것이라고 거의 확신한다.

나는 감각이 발달한 동물이다. 계획적이기도 하지만 계획은 나의 감각 뒤에 부수적으로 달려 나오는 늘 후자의 것이다. 감각으로 얻어진 가령, 예술을 접하고 얻어지는 감정이라든가 아빠의 냄새라든가 하는 것들. 내가 미처 깨닫기도 전에 내 안에 회오리를 치는 무수한 감성들. 어쩌면 생생하게 남는 것은 오직 그런 감각들이다.

그런 감각들은 잃고 싶어도 잃지 못한다. 나는 소유의 고통을 이미 깨달았기 때문에 감각에 의존하기를 좋아한다. 오랜 세월 동안 나를 지탱해 왔고 앞으로도 지탱해 나갈 뿌리가 되어줄 감각이 소유욕을 물리쳐 주길 바란다. 궁색한 변명을 하며 소유해 온 모든 것에 대해 죄책감을 느낀다.

갖고 싶은 것이 많아질수록 인생의 고통은 심화된다. 형체를 가진 모든 것은 영원히 가질 수 없다. 그럼에도 삶의 욕심은 자꾸만 소유하기를 소원한다. 나는 비겁한 도망자가 되어도 좋다. 마음을 비워 공허해질 수 있는 상태가 될 수 있다면 무엇이 더 두려울까.

과거에 소유함으로 인해 잃었던 모든 생명들을 나는 애절하게 사랑했다. 그 부재의 통증이 아직도 남아 기억을 더듬는다.

감각에 의존하는 나는 가장 인간적이다. 가슴에 새긴 감각은 무엇보다 진실되며 친밀하다. 그것으로 만족하며 살아가기를 오늘도 바란다.

나답다는 것

•
나의 열정은 늘 쏟아내고
비우는 것에 있다.

내가 원하는 것과 원하지 않는 것 사이에서 가장 장애가 되는 것은

마음인지도 모른다. 전부 다 마음 가는 대로 하고 살 수는 없지만,

마음을 따라가서 크게 손해 본 일도 없다.

단지 그 마음이 충동이냐 아니냐의 문제인데

여물지 않은 마음이거든 조금은 신중한 것도 나쁘지 않다.

하루 종일 내리다 멈추는 빗소리와 함께 생각이 멈춘다. 흐르던 것이 빗물인지 상념인지 알 수 없는 쏟아지던 빗줄기가 나를 멈춘다. 내가 멈춘다는 것은 세상이 멈춘다는 의미인데 세상은 계속 흘러가고 있다. 내 몸은 살아 있고 나는 사실 멈춘 적이 없기 때문이다.

죽는 날까지 사람이 무엇을 멈춘다는 건 정말 터무니없는 망상이다. 멈춰 있는 그 순간에도 60조 개의 세포는 나약한 신체와 정신을 유지하기 위해 뜨거운 몸놀림을 한다. 나다움을 유지하는 모든 과정에서 불행하다고 투덜대던 날에도 게으르게 널브러져 있던 날에도 나는 어쩔 수 없이 살아 있다. 최선을 다해 삶을 멈추지 않는 한 나는 붉게 살아남는다.

내게 나답지 않다는 것이 있을까. 나의 욕망과 사랑과 처절함과 지루함이 만드는 모든 것은 나이다. 살아 있는 한 내가 쏟아내는 모든 생각과 행동과 말들은 모두가 나이다. 나답지 않게…라는 변명을 하는 날에 나는 가장 구차해진다.

나는 비가 내리면 수직으로 낙하하고 햇살이 빛나면 산산이 부서지고 바람이 불면 주책없이 흔들리는 게 좋다. 살아가기 위해 분초를 다투며 질주하고 끓어 넘치는 분노를 자제할 때도 나는 그러했다. 나답지 않은 날이 없었다.

내 열정은 들끓지 않는다. 활활 타오르는 불꽃도 아니다. 나를 지지하고 내 의식을 깨우는 재단 같은 것이다. 지금 그 열정이 없다면 내가 삭아질 것을 알고 있다. 내 온몸의 세포와 피가 그 재단 위에서 진득이 흐르고 있다는 사실을 외면하지 않는다. 나의 열정은 늘 쏟아내고 비우는 것에 있다.

내 의식의 흐름 속에 존재하는 유와 무의 모든 것들을 내가 선택하고 버릴 수는 없지만, 그들이 길을 찾아가지 않는다면 나는 기꺼이 내 삶을 지속하는 흐름의 에너지로 사용할 것이다. 그 에너지로 승화한 모든 것은 내 삶이 되고 내가 되고 삶이 끝나는 시점에야 멈출 것이다.

나이에 대한 인식

●
나이를 먹어간다는 것에
고통이 있지는 않다.
마음은 변한 적이 없기 때문에.

마음에 곰팡이가 핀다면 20대에도 노년의 냄새는 난다.

환기를 시키고 햇빛을 받아들여 산뜻한 삶의 공기가 머물게 하자.

지금의 나와 예전의 내가 같은 사람인가 의문을 갖는다. 예전의 나는 노래를 잘했다. 회사 회식의 끝에나 친구들과의 만남에는 꼭 노래방이 있었고 즐겼던 편이다. 생각해 보니 잘 마시지는 못했어도 술도 자주 마셨다. 해외생활을 하던 시절에는 영어도 곧잘 했다. 해외에서 생활하는 데 불편함이 없었을 정도로 잘했고 공적인 일도 통역 없이 처리했었다.

지금은 그때의 내가 살아와 지금의 삶을 살고 있다고 믿기 힘들 정도로 노래를 잘했던 나도, 영어를 편하게 사용했던 때의 나도 있지 않다. 가끔 예전의 내 모습이 꿈처럼 떠오를 때가 있지만 내 안에 있는 무언가가 떠올리는 기억처럼 나 자신은 멀리 있다.

토막 난 기억들만이 나의 그날들을 간직하고 있다. 나는 나의 영혼이 몇 조각인가 생각한다. 시절마다 나를 관할하는 영혼이 따로 있는 건 아닐까. 어쩌면 그 시절의 영혼은 끝나고 깊게 잠이 들었던 어느 날에 새로운 영혼이 내 몸을 점령하면서 기억들을 옮기는 와중에 기억이 희미해지고 잘려나가는 일이 벌어졌을지도 모를 일이다.

막연한 그리움이 기억 속을 헤집고 다닐 때만이 나는 그날에 살았던 사람이 된다. 시간이 점프를 한 것 같은 현상은 나이를 먹어가면서 조금씩 더 심해진다. 나는 노년을 생각하지는 않지만 내가 늙어가고 있음을 알고 있다. 다만 늙어가는 것에 몰두하지 않을 뿐이다.

예전에 생생하게 빛나던 외모의, 영어로 술술 대화하며 뉴욕 거리를 누비던 나는 지금에 와서야 진정한 빛을 발한다. 모든 것이 검은 듯이 희미하고 뿌옇게 흐려지는 나이 즈음에서는 더 빛날 것이다. 나는 점점 더 나이를 먹어가고 그 오래전의 나는 더 환하여 가슴을 저리게 할 것이다. 어쩔 수 없이 먹는 나이에 아쉬운 나는 이미 오래전의 내가 아님을 한스러워하는 나이가 되면 시간을 좀 더 점프한 느낌을 갖겠지. 그때는 지금의 내 모습도 아쉬워질 테고.

지금의 나는 지금에 와서야 그때의 내가 좋지만 지금의 나는 지금을 빛낼 뿐이다. 그렇게 나이 먹어 늙음이 익숙할 때가 되면 또 다른 내 영혼을 만나며 더 늙어버린 때를 빛내며 그때의 지금이 가장 아름다운 삶을 또 살아내련다.

의식이 흐르는 대로

•
흘러가게 내버려둔다.
목적지를 잃을 때까지.

새벽 공기는 나를 깨우지 못한다.

생의 노여움을 아는 나만이 나를 깨울 수 있다.

수분을 머금은 태양광선이 후텁지근하게 세상을 짓누르고 있다. 아이스커피 한 잔을 거실 탁자 위에 올려두면서 후- 숨을 내뱉는다. 나는 전면에 활짝 열려 있는 풍경을 좁히고 좁혀 색 바랜 회색 지붕 위로 올라앉는다. 어제는 잿빛보다 검고 검은빛보다는 잿빛으로 보이는 까마귀가 앉아 있던 곳. 아침에는 손바닥보다 작아서 삶이 간당간당해 보이는 찌이익 찌이익 울어대는 새가 발을 동동거리며 날 듯이 뛰던 곳이다.

　삶이 머물렀다 떠난 곳.
　그곳은 이제 그냥 볼품없는 건물의 지붕이다. 지붕에서 미끄러져 도돌도돌한 거친 벽에 닿아 있는 커다란 잎사귀 위에 잠시 올라앉는다. 가을이면 샛노란 여신님이 내려오는 은행나무의 이웃인, 그저 내겐 한 그루의 무뚝뚝한 나무인 그것의 잎사귀는 은행나무보다 얇고 적색의 아이 손가락 같은 모양을 한 단풍나무와도 닮은 어디에나 팔락거리고 있을법한 생김이다. 내 영혼이 잠시 머무르기에 부담이 없다.

　바람이 불어 잎사귀에 올라앉아 있는 내 몸이 같이 흔들린다. 요람을 타고 있는 아기의 기분이 이렇게 졸리고 평안하고 가벼울까. 서서히 눈이 감겨 잠이 들 것만 같다. 잠들지 못한 유일한 이유는 내가 깨어 있기 때문이다. 나는 아직 글 위에 깨어 있고 새들도 이제 낮잠에서 깨어나 울음소리를 내기 시작했다.

이제 숨고 있는 태양 위로 나의 의식과 새들의 의식이 원을 그리듯 돌고 있다. 파닥거리는 날갯짓은 보지 못했어도 잎사귀 틈으로 새어 나오는 소리로 새들이 얼마나 열심히 삶을 다시 자신들이 머물렀던 가지 끝으로 지붕 위로 올려두고 있는지 짐작이 간다.

나는 나의 생을 지속한다. 얼음이 녹아 묽어진 커피 한 모금을 들이켜고 글을 놀리기 시작한다. 상상을 갈구하던 낭만주의적인 나를 끌어모아 현생으로 올려둔다. 생의 기쁨이 여기에 있다.

과거의 기억에
얽매이지 않는다

•

기억은 덜어낼 수 있다.
혹한의 기억도
그래서 견뎌내며 살아갈 수 있다.

어제는 그저 어제가 되었다. 슬픔도 기쁨도

어제의 바람에 쓸려 기억의 사탑으로.

아침 햇살에 다시 환한 하루를 맞으며 새로운 기억 쌓기를 시작한다.

같은 듯 다른 듯 하루가 다음 하루가… 잊으며 산다. 기억하며 산다.

감정을 쓸쓸하게 끌고 가는 것은 지난날의 기억 탓이었다. 어느 해 내 하루에 닥쳤던 무도한 타인의 말과 행동이 바닥에 붙은 껌처럼 들러붙어 가슴을 쿡쿡 찔러대는 한 편의 공포영화 같은 감정의 기억이었다. 매일 불끈하는 감정에 에둘러대는 연습을 했다. 하다 보니… 평생 나를 괴롭힐 듯하지만 내려놓으면 또 내려놓아지는 것도 그 지저분한 감정이었다. 매일을 잊으며 살아야 오늘을 살고 내일을 산다.

좋은 기억이라 할지라도…

아무리 좋은 기억도 지나버리면 그저 과거의 한순간일 뿐이다. 오늘은 또 오늘의 행복이 기다리고 있다. 지난 행복에 얽매이는 것도 지나치면 오늘을 불행하게 한다. 그 순간으로 돌아가고 싶은 마음은, 현재를 살고 있지 않다는 걸 알게 되면 과거의 행복했던 순간들도 조금은 접어두게 된다. 지난 행복과 비교하는 것만큼 어리석은 일도 없다.

살아가면서 너무 많은 것을 기억하게 된다. 오늘 만난 아카시아꽃 향기를, 대문 밖 멀리 배웅을 나오는 엄마의 환한 얼굴을, 운전하며 지나쳐 온 멋진 카페의 위치까지 중요한 것과 중요하지 않은 것들이 순서 없이 뭉뚱그려져 하루를 만든다. 어떤 기억은 내가 얼마나 근사한 인생을 살고 있는지 보여주고 어떤 기억은 내가 얼마나 처참한 자존감에 시

달렸는지 보여준다. 그러니 모든 기억 속에 평생 갇혀 있지 않아도 된다는 축복이 있어 다행히 마음 다독이며 살아갈 수 있음에 감사한다.

 기억은 덜어낼 수 있다. 혹한의 기억도 그래서 견뎌내며 살아갈 수 있다. 나는 이제 가슴속에서 사라져 가는 기억을 억지로 끄집어내는 되새김질을 하지 않는다. 문득 떠오르면 그랬었지… 흘려보낸다. 조금씩 마음을 비워가며 오늘을 살다 보면 꿈꾸는 내일이 온다는 것을 알게 된 덕분이다.

 반가운 봄 햇살이 기다리는 아침에 또다시 기억을 버리고 쌓기를 시작한다. 오늘도 그렇게 새 하루를 연다. 편안한 기억으로 무던한 하루가 되기를 바라보며 새로운 오늘로 새순을 피우는 하루가 되기를 기대한다.

사색의 숲에
풀어놓다

누군가의 슬픔을
안다는 것은

어쩌면 사람은
자신의 아픔을 통해서만
타인을 위하는지도 모르겠다.

삶은 숨 쉬는 것조차 순순히 허락하지 않는다.

오늘 숨 쉬는 것 자체가 기적이다.

오늘도 내가 아는 어떤 이는 움직이는 시곗바늘 위에서 떨어지지 않으려 안간힘을 쓰며 하루를 산다. 우울증이 빼앗아 버린 그 자신의 몸이 어떻게 늙어가는지 마음이 어떻게 식어가는지 알지 못한다. 그에게 봄은 겨울일 수도 아무것도 아닐 수도 있다. 그는 삶을 유지하기 위해 약을 먹고 있다. 자신의 몸이 아픈데도 자신 외의 모든 사람에게 죄인이 된 것 같은 미안함에 저항해야 한다.

그는 가끔은 이기적으로 살겠다고 다짐을 하고 가끔은 사랑하는 법을 금방 익힌 사람처럼 다정한 말을 하기도 하지만 오래 머무르는 감정은 아니다. 그의 단어는 나약하지만 거칠고 다듬어지지 않은 감정의 회오리를 느낀다. 동시에 그 반대의 경우도 느낀다. 그는 애써 오늘도 살아내고 있다. 나는 여느 때와 같이 안부를 건넨다. 그의 울타리를 허물 수는 없지만 나라는 세상이 있다는 것도 알려주는 마음에서이다.

진심으로 누군가에게 위안과 응원을 보내고 싶을 때 그 슬픔에 함께 빠지는 일을 주저하지 않는다. 섣부른 위로의 말은 하지 않는다. 내가 누군가의 슬픔을 위로한다고 해서 감정의 우위에 있는 것은 아니다. 무슨 말을 해야 할지 모르겠거든 곁에만 있어주어도 도움이 되기도 한다. 내게 슬픔을 함께한다는 것은 마음을 들어주고 그 마음이 되어보는 것이다.

말기신부전증을 앓고 있는 이정연 작가에게 위로의 글을 건네는 대신 그녀의 책《서른 살이 되지 못할 줄 알았습니다》를 읽었다. 급속하게 진행된 류머티즘성 관절염으로 몇 해를 괴로움에 몸부림쳤던 나는 그녀의 마음을 헤아릴 수 있는 부분이 조금은 있었지만 온전히 알 수 없는 상태에서 아는 척 위로의 말을 남길 수는 없었다.

책을 쓰기까지, 투석을 받는 지금의 인생에 적응하기까지 그녀가 겪었을 외로움과 슬픔, 무서움이 뒤섞여 싸우고 견디는 것밖에 할 수 없었을 생활을 적잖이 짐작할 수는 있었다. 물론, 이조차 나의 섣부른 짐작일 수 있지만 나는 그녀의 책을 통해 진정으로 그 생활과 마음을 이해하고 싶었다. 어쩌면 사람은 자신의 아픔을 통해서만 타인을 위하는지도 모르겠다.

나는 특정한 사람에게만 공포와 불안감을 느끼는 공황장애가 심했다. 지금은 숨을 쉴 수 없을 만큼 괴롭지 않지만, 한동안은 그 사람을 보는 것만으로도 공포감을 느끼고 그런 감정적인 장애가 있다는 것만으로도 서럽고 힘겨웠다. 살다 보면 누구에게나 일어날 수 있는 일이다. 살면서 나에게만 일어나지 않는 아픔은 없다. 그러니 타인의 슬픔에 몰인정하지 말자. 언젠가 나도 누군가의 위안이 절실할 때가 올지도 모른다.

사랑한다 미워한다

사랑으로 품어야
내 마음에 사랑이 핀다.

누군가가 나를 사랑한다고 우쭐대는 사람이라면

사랑받을 자격이 없다. 그 누군가는 밤을 새워 빛과 어둠의 시를 쓰고

모든 것이 부서지는 거센 폭풍우 치던 날을 견디어

한마디 고백을 했을지도 모른다.

사랑한다 생각하면 사랑하고 미워한다 생각하면 미워진다. 세상에는 나를 품어주는 좋음이 다함없이 많다. 봄이 되면 팝콘처럼 하늘로 피어나는 벚꽃이 설렘으로 나를 품고, 꽃과 함께 불어오는 봄바람은 마음을 흘려보내라며 나를 품고, 따스한 햇살 속에 까르르대는 아이의 종종걸음은 흐뭇함으로 나를 품고, 느린 걸음으로 걸어가며 스마트폰으로 봄을 찍는 노인의 자태는 느긋함으로 나를 품는다.

 먹고살기 바빠도 애써 살아가게 되는 것은 미우니 고우니 해도 품어주는 세상의 너그러움이 있어서이다. 몇 초, 몇 분의 시간을 내어 잠시만 봄의 구석구석을 바라보면 알게 된다. 신이 나를 버려두지 않았다는 것을. 나태주 시인의 글이 왜 아름다운지를.

> "날마다 아침이면 이 세상 첫날처럼
> 날마다 저녁이면 이 세상 마지막 날처럼
> 당신도 그렇게. 그렇게."

 마음을 다해 살다 보면 삶이 따뜻해진다. 마음을 다한 다음에는 기뻐도 슬퍼도 후회가 없다. 마음을 다해 살다 보면 하루가 이틀이 되고 이틀이 이 주가 되고 금세 일 년이 될 것이며 그 일 년은 시간이 영원할 것처럼 마음을 흘려 살아가는 사람의 것보다 깊고 귀한 서사가 된다.

내게 주어진 시간에 추앙받지는 못하더라도 나도 세상을 품어주는 삶을 살아가고 싶다. 나의 마음은 사랑으로 축대를 쌓았다. 그런 탓에 쉽게 무너지기도 하고 상처도 많이 받지만 또 사랑하는 마음이 있어 나를 용서하고 타인을 용서하는 배려심도 가지고 있다. 밉다 밉다 하면 더 미워지고 사랑하는 눈으로 보려고 해야 사랑스럽게 보이더라. 다정한 마음으로 보려고 할 때 나의 시선도 다정하게 머문다.

사랑의 범위

●
사랑한다고 말하는 것만으로
전부를 사랑할 수 있다면
나는 이미 신이다.

내게 사랑은 혼란이다. 불확실하면서도

확신한다고 믿는 감정에 흔들린다.

사랑을 신봉하는 나의 빛나는 정서 위에

심심찮게 그림자를 만드는 무엇이 있어

흔들림을 멈출 수 없다.

속내를 알 수 없다는 건 서로를 이해하지 못한다는 것일까? 속내를 알면 더 이해하고 사랑할 수 있다는 아쉬움일까? 사랑하기 때문에 꾹 눌러놓은 부끄럽고 미안한 흔적들이 있다. 그것은 숨겨져 있고 들키지 말아야 하는 심중에 깊숙이 웅크리고 있다.

사랑한다고 해서 상대에 대한 모든 불편한 감정이 정화되지는 않는다. 가슴속에서 뱉지 않은 서운한 말, 순간적으로 화가 나서 뱉을뻔한 말 모두 그대로 내 안에 있다.

사랑한다는 이유로 내 속내를 악착같이 긁어내려는 사람은 무섭다. 고분을 파헤치는 도굴꾼처럼 나의 매장물을 파내어 확인할 수 있는 마음만이 진심이라 믿어지는 것이겠지.

사랑하는 사람의 밑바닥 속마음을 알고 싶은지 내게 묻는다면 그런 어리석은 질문이 어딨느냐고 바로 타박을 할 거 같다. 상대방의 마음속을 헤집어 보이면 내 마음속도 뒤집어 보여야 하는데 나는 정말 사랑하는 사람에게 조금의 악함도 가진 적이 없는가 하는 질문에 먼저 답해야 한다.

누군가를 사랑할 때 내가 이해하는 부분은 겨우 1프로의 무엇일지 모른다. 그 이외의 것은 파묻혀 있다. 나는 사랑하는 사람의 전부를 보고 싶지 않다. 그 전부를 이해할 자신이 없기도 하지만 사랑한다는 마음으로 거북한 냄새를 풍기는 밑바닥 정체를 견디어 낼 자신이 없기 때문이다.

  나는 '신적인' 것을 탐하지 않으며 '완전한' 행태를 취하고 싶지도 않다. 그저 내 흔하디흔한 마음을 특별하게 알아봐 주고 아껴주는 사랑을 가진 사람과 함께할 수 있다면 그 자체로 나의 '인간다움'은 충족된다. 사랑하기 때문에 모든 것을 훔쳐보고 싶은 욕망은 신이 우리의 영혼을 훔치는 것보다 더한 도둑질의 충동이다.

극장 문 뒤에 숨어
도사린 것이 만약 삶이라면

사랑이 피는 때와 아닌 때가
있을 뿐이다.

극장 문 뒤에 숨어 도사린 것이 만약 삶이라면,

우리는 삶을 살게 된다. 만약 그것이 죽음이라면,

그러면 우리는 죽을 것이다. 막간극은 아무래도 상관이 없다.

-《불안의 서》, 페르난두 페소아

사랑이 사랑이 아니라 한들 사랑이 아닌 것이 되지 않는다. 사랑은 이미 태어날 때부터 작은 배꼽에 새겨져 심장을 돌아 온몸으로 퍼져나간다. 손끝, 발끝 머리카락 한 올, 한 올 내 몸 구석구석, 내 마음 구석구석 사랑이 아닌 것은 없다. 사랑이 피는 때와 아닌 때가 있을 뿐이다.

아침에 일어나 좀비처럼 걸어 책상 앞에 앉는다. 난데없는 사랑 타령이 글 속으로 파묻힌다. 무엇을 원하는가. 비에 젖는 세월에도 나이를 먹지 못한 나의 정신이 더 절절하게 사랑을 노래한다. 가엾게도 사랑은 제멋을 내지 못한다. 사랑도 주인을 잘 만나야 그 빛이 환호처럼 빛나는가 보다.

나는 소설책을 읽듯이 나의 영혼을 읽어본다. 페이지 첫 줄에는 이렇게 적혀 있다.

사랑이 나를 이기면 나는 침묵으로 섬기고 증오를 심을 것이다.

나의 마음이 아무리 사랑인들 핏빛 죽음처럼 끈적해져 들러붙어 버리면 무슨 소용이 있을까. 내 영혼은 언제나 사랑에 용감했다. 나는 사랑이 주는 영혼의 성장과 삶을 질적으로 응축시키는, 보이지 않는 힘을 믿었다. 사랑을 잃었을 때 나의 영혼은 온전히 존재할 수 있을까 하는 의문이 드는 이유이다. 나는 오늘 자살을 선택한 상처 입은 영양과 같다. 사자에게 걸어가 평안을 구걸한다. 나의 목덜미를 물어 달라고.

꿈 속에 존재하는 나

·

꿈을 꾸지 않는다면
형체 없는 삶의 찌꺼기를
무엇으로 해갈할까.

은행나무의 가지가 부르짖듯 흔들리며 우웅 소리를 내는듯하다.

호우주의보, 호우경보로 온통 비상이 걸린 세상.

어느 날에 보았던 영화 〈파묘〉, 젊은 무당의 춤 추는 치맛자락이

생각나서 소름이 끼친다. 검은 새벽, 나는 이 혼란을 닮아 있다.

그리고… 그립다.

소리 없는 소리를 지른다. 일그러진 얼굴에는 불같이 타오르는 부정과 무너진 신뢰가 어른거린다. 죽음에 빼앗긴 내 소중한 아버지와 사랑스러운 강아지들 아니, 내 새끼들이 함께 등장한 드라마가 펼쳐진다. 그들이 그렇게 다정한 모습으로 함께 있었던 적이 있었나.

익숙한 거리, 낯선 집, 한 번도 본 적 없는 얼굴의 친구들과 버스를 타고 떠나는 여행에서 나 혼자 짙푸른 바닷속으로 곤두박질치는 망자의 기억 같은 전개가 펼쳐진다. 나의 애인이라고 불리는 남자와 진한 키스를 하는 곳은 이름 모를 색상으로 물들었다. 존재하지 않는 색이거나 뒤섞여 뭉그러진, 뭉그러져 더 아름다운 색이다.

어릴 때 자주 찾아가던 중앙시장 도넛가게의 빼빼 마른, 친절한 웃음으로 나를 반기며 동그란 도넛 한 개를 쥐여주시던 아저씨의 얼굴이 선명하게 떠오른다. 깨어나면 곧 사라질 현실보다 더 현실 같은, 나의 꿈은 예상 못 한 잠에서 예상 못 한 모습으로 뭉게뭉게 피어오른다. 오로지 꿈에서만이 내가 원하는 모든 것이 이루어진다.

내 마음대로 부릴 수도 없는 망상 같은 꿈속에서도 궁금해한다. 꿈이 아니라면 나는 어디에서 나의 영혼을 풀어놓을 수 있을까 하고. 과거는 지나가서 더 이상 존재하지 않아도 존재하며 미래는 기대와 불안에 꿈틀거리며 쉴 틈을 주지 않는다. 살고 있는 이 세상만이 현실이라고 누가 자신 있게 정의할 수 있을까. 잠들었을 때만 갈 수 있는 그 세상이 오로지 현실인지도 모른다. 모두가 아니라 해도 나에게만이 그런지도 모른다. 나는 꿈속에서만 아무 생각을 하지 않는다. 생각할 틈 없이 기억인지 바람인지 모를 모든 것이 빌딩을 짓는다.

궁금해진다. 꿈의 끝자락에서 궁금함이 시작되어 깨어날 때까지 궁금해한다. 왜 내가 그 속에 있었던 건지. 애써 선명하게 떠올리려 얼굴을 찡긋거리며 눈을 감고 깨어난 시간에 다시 떠올리려 애쓴다. 되돌아가고 싶어도 돌아갈 수 없는 공간. 연속성이 없는 무한한 공간에 선명하지만 안개에 가려져 있는 듯한 세계로부터 나는 왔는지도 모른다. 꿈이 없다면 나는 존재하지 않는지도 모른다.

타인으로 살아가기

•
우리는 서로 타인이며
서로 낯설고 서로 익숙하다.

살아가는 힘에는 여러 종류가 있다. 가장 강한 힘은 언제나
내 안에 있다고 믿고 살지만 때때로 타인의 응원과 운이 발현되지
않는다면 내 안의 힘도 그 에너지를 잃어 사그라들기도 한다.
가끔 사람들이 응집되어 있는 곳에서 받는 힘에 내 안의 힘이
깨워지기도 한다. 타인과 어우러지는 세상이어서 얻어지는
지불 없는 덤이다. 존재하지 않아도 존재하는 신의 영역은
침범할 수도 바랄 수도 없지만 가장 중요한 순간에 웅덩이에 빠진
바퀴를 밀어내는 작용을 한다. 어쩌면 우리 삶의 밑바닥에
언제나 깔려 있어 우리가 힘을 얻기를 바라고 있을지도.

혼자 살아가지 않는다는 사실이 너무 감사하다. 타인은 참 귀찮고도 다정한 존재이다. 타인이 없었다면 도시도 먹거리도 애니메이션도 없었을 것이다. 어쩌면 고독 없는 자유만이 있었을지 모른다는 기쁨의 상상도 해보지만 그조차 타인이 없다면 가능하지 않다.

타인 때문에 기운 빠지고 좌절하고 상처받는 일도 있지만 혼자 남는 것을 두려워하는 나는 이 세계의 정상적인 감정을 가진 개인으로 잘 살고 있다는 생각이 든다. 그러면 나는 누군가의 타인으로 잘 살아가고 있는가 하는 질문이 자연스럽게 던져진다.

누군가에게 해가 되지 않으며 오늘에 내가 있어 기쁘다는 마음이 들도록 빛나는 에너지를 주는 사람이면 좋겠다. 있으나 마나 한 사람이 아닌 그 자리에 꼭 있어주었으면 바라는 사람이면 좋겠다. 나는 타인에게 소중한 타인이길 바란다.

나는 꽃의 타인이며 돌의 타인이며 가족의 타인이며 친구의 타인이다. 세상의 마지막 날까지 나로 살아가겠다 다짐하는 나는 영원히 타인으로 살다가 가야 한다는 것도 사실이다. 어제보다 오늘 좀 더 나은 타인으로 살아가고 싶다. 친구의 아픔을 무시하지 않고 엄마의 외로움을 외면하지 않으며 동생의 고됨을 아파하며 함께 살아가는 타인.

 나의 사랑하는 타인들, 지겹도록 내 곁에서 삶의 소리를 내주기를. 내가 귀 기울이지 않아도 언제나 들을 수 있도록. 도망치고 싶을 때 나는 잠시 멀리 있어도 떠나지 않는다.

있어야 할 자리

내가 있고자 하는 자리에
있을 수 없다면
내가 자리가 되면 될 일이다.

바람 불어 좋은 날엔 생각의 배를 띄우고 싶어진다.

커피 한 잔에 뇌를 맡기고 휘청거리는 나무의 가지를 잡고

낯선 생각에 빠지고 싶어진다. 멀리서 오는 바람에

두근두근… 심장 소리를 키우고 싶어진다.

지금을 기억하자. 내일 나는 여기에 없다.

지금 내 책상 위는 단정하지 않다. 여인의 찢어진 스타킹처럼 구멍이 난, 정돈되지 않은 너무 지저분한 평상일 뿐이다. 커피가 바닥에 들러붙을 것 같은 플라스틱 컵과 겹겹이 산처럼 쌓여 있는 책들, 그 책들 사이에 어울리지 않는 고귀한 책들 《참을 수 없는 존재의 가벼움》, 《노년》, 《반항인》… 오른쪽 벽에는 나의 영원한 순수영혼 《빨강머리 앤》의 포스터가 기대어 있다. 삶의 수치를 두드리던 계산기도 놓여 있고 멈춰버린 탁상시계와 작은 공간에 울림을 만드는 연베이지 마샬 앰프도 놓여 있다.

새벽 두통에 눈살을 찌푸리는 나의 영혼이 비집고 들어가 그들과 함께 자리한다. 나는 숨을 쉬고 그들은 숨을 쉬지 않는다는 차이뿐. 어쩌면 나보다 더 깊은 영혼을 가졌을지 모를 물건들 사이에서 인생이 그와 같다는 생각을 한다. 나는 신처럼 그들을 놓아두었고 그들은 그 자리가 제자리인 듯 무심히 살고 있다. 그중에서 생각을 하는 존재는 오직 나뿐이지만 그 모든 물건들은 내게 생각이 되는 것들인 동시에 나는 그들과 다르지 않다.

다른 이들의 생각은 내게 미치지 못한다. 나는 일그러진 적도 있었고 굽어진 등을 스스로 펴고 일어선 적도 있었고 아무도 모르는 행복한 순간을 훔친 적도 있었다. 그 시간들과 감정을 나누지 않았던 탓에 나의 생각과 삶에 깊이 닿는 사람이 없다. 주변인들에게 나란 사람은 마지막까지 낯선 존재일지도 모른다.

나는 타인의 인생에 인간애와 동정이 저절로 우러나는 인간미 있는 사람의 일종이지만, 그것이 내가 다른 이들을 더 이해하고 마음에 공명을 일으킬 만한 능력을 가지고 있다는 증명이 되지는 않는다. 나는 다만 그들에게 내 책상 위에 놓여 있는 《빨강머리 앤》 포스터가, 멈춰버린 시계가 되어도 좋다고 생각한다.

굴욕감

●

가슴속에 지문처럼
남는 아픈 기억도 있다.
집착하지 않는다.
지나간 것은 지나간 대로
그냥 두면 된다.

푸르스름한 잿빛 공기가 덮여 있는

새벽 골목을 걸어 들어오며 마음을 토닥인다.

가볍게… 가볍게… 가볍게 살면 된다.

굴욕의 기억은 언제나 갑작스럽게 시상처럼 떠오른다. 그때만큼 기분이 나쁘다거나 생생한 굴욕감은 느껴지지 않는다. 사진으로 찍힌 한 장면처럼 플래시를 터뜨리며 번쩍거릴 뿐이다. 나는 예민하고 연약하다. 모든 면에서 그렇지는 않지만 적어도 지나간 굴욕의 시간을 깨끗이 지울 수 없는 정도까지는 그렇다.

예상치 못한 순간에 빠르게 지나가는 굴욕의 기억은 마치 실제로는 경험하지도 않았던 지어낸 얘기처럼 부끄러움을 밀어내며 흐릿한 이미지만을 남긴다. 가식적인 웃음으로 짐작할 수 있다. 그날의 굴욕을 씻어내지 못하고 지나왔음을.

그것은 진정으로는 아무것도 아닌 기억일지도 모른다. 어느 누구도 심지어는 관련된 당사자들도 잊은 악몽이나 잔혹동화 같은 건지도 모른다. 오직 나의 무의식에만 남아 초대받지 않은 시간에 쳐들어오는 무뢰한일 뿐.

그럼에도 굴욕이란 감정은 스멀스멀 감정의 밑바닥에서 기어다니며 나를 자랑스러워하는 순간에도 불현듯 튀어 올라 오류에 걸린 사람처럼 흠칫하게 할 때가 있다.

예술을 만나는 이유

예술은 내가 사는 세상에 있지만
같은 곳에 살지는 않는다.

예술을 만날 때 점점 더 선명해진다.

더더욱 선명해져 투명해질 때 나도 하나의 예술이 될 수 있을까?

상상을 키워 희망을 담아 자꾸만 발길이 진득해진다.

예술은 내 세계의 꼭대기에 있기도 하지만 바닥에 있기도 하다. 나는 예술의 문외한이다. 그림을 보러 가기를 좋아하고 그리기를 좋아하지만 배우지 않는다. 르네상스, 사실주의, 낭만주의, 빛의 유무가 만들어 낸 예술의 세계를 나는 글로 배우지 않는다. 아는 만큼 배운다는 말에 반대하지 않지만 알게 되면 보이지 않는 것들도 있을 거라 변명해 본다.

그럼에도 나는 내 인생이 예술을 딛고 흘러가길 바라고 예술과 함께 일상을 살아가길 바란다. 예술은 내게 머물지 못할 고귀한 정서가 아니며 공경의 대상이 아니다. 그것은 단지 인생이 조금은 가볍게 다뤄지길 바라는 마음에서 비롯한 수단의 하나이며, 미와 고통이 집약되는 그래서 숨을 만들어 내는 결과물이다.

예술과 같은 사람이 내 주변에는 없고 나는 엇비슷해지려고 노력할 뿐이다. 예술이 없다면 그 자리를 무엇으로 채울까? 예술은 오래전부터 내 삶 어디에도 있고 어디에도 없었다. 나는 억지스럽게 그것을 내 인생으로 다시 강하게 끌어당겼고 무작위로 만나고 있다.

예술은 내가 사는 세상에 있지만 같은 곳에 살지는 않는다. 계단을 오르거나 내려가야 만날 수 있는 유일무이한 꿈과 현실에 공존하는 존재이다. 나는 애써 계단을 걷는다. 걷는 과정부터 숨을 쉬는 과정이다. 계단을 올라 열리는 예술의 세계는 때론 눈부시게 밝고 때론 칠흑같이 어둡다. 그 세계를 눈을 감고 가슴을 열어 만난다. 그 세상에서 가장 먼저 반응하는 것은 영혼이다. 영혼이 얼마나 가뿐하고 빛나는 것인지 예술을 만나고서야 알 수 있다.

 내일도 예술은 내가 없는 층에 머물고 내가 있는 곳에 머물 것이라는 사실에 감사한다. 내게 예술이 고귀한 이유는 화법이나 기술이 아니라 영혼을 달래줄 유일한 이름이기 때문이다. 누군가가 그렸을 기쁨과 아픔, 희망과 절망이 하나로 집약되어 내 영혼의 먹이로 기꺼이 바쳐지는 위로. 삶에서 이만한 위로가 또 있을까?

계절은
         나를 위로하고
         나는 사유한다

봄날에

•
봄빛을 닮은 영혼은
윤슬처럼 반짝인다.

분홍 비가 나리고

초록 비가 나리고

회색 구름 걷히면

청명한 봄바람이 불고

생명력이 돋는다.

봄은 새로운 시작과 생명이 움트는 계절이다. 어머니들의 굽은 등을 더 구부리게 하고 조아리게 만드는 냉이와 쑥이 짙은 향을 자랑하기 시작하면, 분홍빛 꽃비가 내리고 노랗고 빨간 튤립이 꽃을 피우고 녹음이 짙어지기 시작한다. 봄은 한시도 쉴 틈이 없다. 여름이 오기 전까지 부지런히 생명을 틔운다. 지는가 싶으면 다시 피고 피는가 싶으면 다시 지면서 생명의 환희를 온 세상으로 흩뿌린다.

우리는 너나 나나 봄이 된다. 웃는 얼굴에 봄빛이 쏟아져 꽃같이 환해지고 집 앞에 꽃이 보여도 꽃구경을 가고 사랑이 있어도 사랑을 찾아 헤매고 시린 가슴이 몽글거린다. 카페의 테라스가 열리면 실내에서 웅크리고 마시던 커피를 들고 우르르 봄 햇살 쫓아 8월의 해바라기처럼 몰려 나가 반짝인다. 봄날에는 모든 것이 봄을 닮아간다. 봄에 살랑거리는 여우 꼬리라도 달려 있나 보다.

봄은 아날로그 감성이다. 가로수를 걷고 싶고 누군가에게 엽서 한 장을 보내고 싶고 공원 한구석 아무도 찾지 않는 공중전화부스에서 전화를 걸어보고 싶어진다. 꽃 한 다발을 사서 모르는 이에게 고백을 해도 이상하지 않을 것 같은 신비한 계절이다.

겨울에도 여름에도 나는 봄을 그리워한다. 매일이 봄이

면 좋겠다. 일 년을 시작하는 계절이니 매일이 봄이면 나이도 먹지 않을 테고 항상 따스한 볕을 맛볼 수 있을 테고 목련, 벚꽃, 프리지어, 진달래, 개나리 난만히 핀 봄꽃들과 한철만 보고 이별하는 일도 없을 테니 봄을 남기겠다고 서둘러 사진을 찍어대는 일도 없을 거다. 지그시 눈을 감고 오랫동안 서서히 향을 음미하면서 내내 봄 속에 살 수 있다면 내 마음도 늘 봄빛이지 않을까.

요사이 가끔 여름이 서둘러 오는가 싶은 날들을 지나면서 조바심이 난다. 하루라도 더 내 봄날이 무성하기를 바라면서 작은 풀꽃 하나 소홀히 보지 못하고 날씨가 좋은 날에 집에 있으면 뭔가 손해 보는 느낌이 들어 부지런히 밖을 나간다. 봄에 물들어 나는 지금 들꽃이 되고 짙은 초록이 되어가고 있다.

5월에

5월의 태양은
환하도록 더 환하다.

뒤뜰에서 부지런히 손을 움직이는 아주머니의 뒷모습에

땀이 송골송골 맺히고 5월의 푸르름이 묻은

프릴 달린 앞치마가 환하게 웃는다. 나는 돌아보며 걷는다.

다만 그 풍경이 아름다워서.

계절이 빠르게 움직인다. 솔방울이 날린 무수한 꽃가루가 노란 먼지로 사방을 뒤덮으면서, 봄이면 늘 찾아오는 이 달갑지 않은 손님이 어서 갔으면 하는 마음이 든 게 어제 같은데 뙤약볕이 벌써 밀어닥친다. 일찌감치 4월부터 뽀얗게 개화한 이팝나무 꽃길을 걸으며 올여름은 일찍 오고 무덥겠구나 생각한다. 하늘 끝에 걸린 봄볕을 음미해 본다. 계절이 빠르다고 내 마음도 조급할 필요는 없다. 나는 내 템포를 놓치지 않고 봄을 보내고 있다.

벚꽃이 지면서 환호하던 마음은 이미 가라앉았지만, 이제는 초록이 야무진 목련나무와 은행나무를 보면서 계절을 갈아입는 자연의 신비에 다시 한번 감탄하고 있다. 5월이 되자 초록은 더 초록이고 파랑은 더 파랑이다. 어린애들은 더 밝고 부모님들의 가슴에 꽃을 피울 카네이션은 더 붉고 싱싱하다. 신기하게도 계절은 마치 어느 날을 축하하듯이 그 빛깔을 갖는다.

직장생활을 하지 않는 내게는 사실 연휴라고 딱히 다를 것도 없지만, 어린이날이나 어버이날이라는 것보다 직장인에게는 연휴라는 의미가 더 큰 것 같다. 무더운 주말 고속도로에 휴식을 찾아 떠나는 차들이 즐비하단다. 지옥도로를 달려가더라도 어딘가로 떠나야 하는 마음이 그들을 불러냈을 것이다. 그들도 그들의 빛깔을 찾아 떠나는 중이겠지.

얼음이 동동 떠 있는 아이스 바닐라라테를 마시면서 모두에게 어떤 의미가 있을 것 같은 한 주에 나는 어떤 빛깔을 낼까 생각해 본다. 5월이 가족의 달이라 불려서 그런가 가장 먼저 가족이 떠오른다. 마침 동생의 생일도 있는 주라서 맘먹고 가족 챙김을 하면 어떨까. 모두가 도시 밖으로 나갈듯한 연휴에 나는 도시 안에서 전시회를 좀 더 보면 어떨까. 녹음이 짙은 수목원을 거닐며 그곳의 새가 되고 벌레가 되어 시간을 보내도 좋을듯하다.

5월 중에서도 첫 주는 어린이날, 어버이날이라고 정해진 요일 덕분에 모두에게 없던 시간이 생긴다. 그동안 소홀했던 자식 노릇, 부모 노릇을 하는 시간을 보낼 수도 있고 연인과 여행을 떠나는 연휴를 즐길 수도 있고 오랜만에 온 가족이 모여 정을 나누는 시간을 보낼 수도 있다.

어떤 시간 속에서든 봄이 마지막으로 주는 선물 같은 날들에 부디 모두가 행복하게 웃음 짓는 모습이기를 바란다. 마음 가벼운 낙서 같은 5월이 되기를.

그래도 여름은 오고 있다

네 이름이 여름이라
내 마음이 더 뜨거워져 온다.

맨발로 어린 딸이 해변을 달리면 아빠의 시선은

조마조마 딸의 달리는 발을 쫓는다.

아빠 하고 부르면 햇살에 눈부신 아빠는 찡그리듯이 웃는다. 찰칵!

여름이 걸음을 머뭇거리며 조금씩 다가오고 있다. 느닷없는 눈까지 내리는 5월에 봄을 몰아내기에는 아직 역부족이지만 선선한 바람에도 반팔을 꺼내 입게 되는 걸 보면 햇살이 제법 뜨거워진 모양이다. 아이스크림이나 차가운 음료를 찾게 되는 날도 많아졌다. 집 안에서는 조금만 움직여도 땀이 나고 후끈거릴 때가 있다. 봄은 아직 머뭇거리고 여름도 느릿느릿 오고 있는데 주변에서는 벌써 휴가 얘기가 나온다.

"휴가 어디로 가세요?"

머리를 만져주던 헤어숍 점장이 내게 물었다.

"아직 생각 안 해요. 성수기에는 어딜 다니는 편이 아니라서."

다시 점장이 말했다.

"그렇죠. 저는 어차피 그 시기에는 일이 많아서… 베트남 많이 가는 거 같고… 동남아 요즘 많이 가더라고요."

내가 말을 이어갔다.

"저는 습한 걸 너무 힘들어해서… 덥고 습한 곳을 여행하면 잠도 못 자고 선호하지는 않아요. 차라리 일본이 나은데 원전사고 이후로는 가기가 꺼려지고… 제주도가 쉬고 오기에는 더 좋은 거 같아요."

점장은 뭔가 부끄러운 듯 말끝을 흐리며 말했다.

"저는 해외여행을 많이 못 해봐서… 한국을 벗어나 보고 싶어요. 그런데 저도 습한 거 너무 싫어해서…."

"한 살이라도 젊을 때 어디든 여행한다고 생각해요. 여행 가는 거 저는 무조건 추천, 어디든 여행해 보세요."라고 말하며 내가 싱긋 웃었다.

"그래야겠어요… 방금 마음을 먹었네요."

점장의 얼굴에 웃음이 머물렀다.

염색과 커트를 하러 갔던 어제, 점장과 휴가와 여행 얘기를 나누었다. 여름이 오는구나… 생각하며 휴대폰을 열어 날짜를 보았다. 아직 봄인데 뭔가 아쉬운 마음이 들었다. 겨울이 가고 봄이 올 때는 식탁에 올라오는 나물반찬에서 가장 먼저 느꼈었다. 내가 좋아하는 냉이가 향긋하게 무침으로 국으로 올라왔다. 계절은 신기하게도 때가 되면 사람들의 마음을 흔들어 놓는다.

오후에 집에 돌아와 클로젯에 정리해서 넣어두었던 여름 옷들을 본격적으로 꺼내놓기 시작했다. 작년 여름에 잘 입었던 파란색 줄무늬 원피스를 가장 먼저 탁탁 털어 옷걸이에 걸었다. 그 원피스를 입고 보러 갔던 히사이시 조의 콘서트가 떠올랐다. 수준 높은 라이브의 감동으로 가슴이 떨렸던 날이었다. 〈이웃집 토토로〉 OST를 플레이했다. 파릇하게 익어가던 여름밤의 추억이 원피스에 묻어 있었구나…

나는 옷차림에서 가장 먼저 여름을 느낀다. 햇살이 바뀌면 저절로 가볍고 밝은 옷에 손이 간다. 아직은 카디건이 없으면 저녁나절은 선선하다. 가끔은 낮에도 바람이 제법 부는 날엔 춥네라는 말이 툭 튀어나오기도 한다. 5월 초 강원도에 내렸다는 눈의 기운이 지금까지 바람을 타고 오는 걸까? 조금 있으면 반팔 위에 걸쳐 입은 재킷을 저절로 던져두게 되는 여름이 온다.

예전에 알던 지인은 계절이 바뀌는 걸 극도로 싫어했다. 그에게 계절의 바뀜은 곧 나이를 먹는다는 의미라고 했다. 늙기 싫은데 쓸데없이 해가 자꾸 간다면서 몸서리를 쳤다. 마음이 이미 늙어버린 그는 왜 계절에 적대감을 갖는 건지

의아했다. 나는 계절이 가고 오는 게 좋다. 그 생동감 있는 변화가 좋다. 시간이 가도 낯익은 감동이 있다는 것이 얼마나 좋은지. 여름은 생동감이 가장 강한 계절이다. 올여름은 무엇을 신고 올 건가 기대가 된다.

바람의 유희

・
어둡지 않으면 볼 수 없었던
빛의 기억.

살랑살랑 봄바람이 오래 머물러 태양이 닿는 자리마다

시원하게 씻긴다. 이게 웬일인가 싶게 봄이 떠날 맘을 먹지 않는다.

어제도 나시를 입은 등에 내리쬐던 29도의 태양광선이

찌릿하게 따가운 여름의 맛을 냈지만 이내 봄바람이 불어

위로를 하니 여름은 올 수가 없다. 계절이 술래잡기를 한다.

햇빛을 밀어내는 바람이 가느다란 가지가 뻗어 있는 작은 나무를 뒤흔든다. 여신의 입김이 머물렀을 듯한, 가볍고 부드럽게 스윙하는 바람이다. 나는 그 바람에 머물지 못하고 서둘러 에어컨을 트는 카페에 앉아 상실감을 느낀다. 뜰로 이어지는 뒷문 앞에 놓여 있는 둥근 테이블이 이 카페에서 내 최적의 자리이다. 더위가 몰려오면서 문은 늘 활짝 열려 있었다. 요사이 내내 바람이 좋으니 닫혀 있을 이유가 없었다.

사계절 내내 바람이 불지만 유독 이맘때 불어오는 시원한 바람을 좋아한다. 겨울바람은 시리고 가을바람은 선선하다. 여름바람은 습하고 진득하다. 이맘때 부는 바람은 태양이 뜨거운 시간에도 적당히 시원해서 걷기에도 좋고 드라이브하기에도 좋다.

테이블을 손톱으로 톡톡 두드리며 닫혀버린 문의 단단함에 어떻게 대응할 것인가 생각한다. 카페 안에 퍼지는 가짜 바람이 냉기를 만들기 시작할 때쯤 누군가가 드나든 문이 완전히 닫히지 않아 틈이 벌어졌다. 틈은 점점 더 벌어져 문 한쪽이 완전히 열려버렸다.

그때서야 잃어버렸던 바람이 다시 불어 들어온다. 바람을 따라 일어나는 나의 의식이 눈을 감고 깨어난다. 모닝커피를 마시면서 열었던 베란다 창문을 통해 들어오던, 바람이 안으로 밀려들며 날리던 흰색 리넨커튼의 우아한 몸놀림이 떠오르며 커튼 위에 숨어 있던 나의 어둠을 들춰본다.

여전히 어둡지만 이제는 악마의 얼굴을 하고 있지 않은 흐릿하게 지워져 가는, 바다 끝 밑바닥 먼 이야기처럼 지워져 가는 까만 밤의 기억이다. 산을 넘고 나무와 꽃을 타고 불어오는 바람은 내 몸으로 스며들고 내 의식의 바람은 어둠을 더더욱 밀어낸다. 시곗바늘이 오른쪽으로 돌아가듯 자연스럽다.

어둡지 않으면 볼 수 없었던 빛의 기억.
바람이 불면 내 의식은 점점 더 깨어 나를 깨워 서서히 계단을 오르듯 밝은 빛만 찾아 향한다. 남향으로 불면 나는 남쪽으로 기울 테고 언젠가 북쪽에서 불어오면 북풍을 견디어 내겠지. 빛의 기억은 지금 내게 신의 손짓 같은 바람이 되어 불어온다. 나는 감사하며 맞는다. 오늘도 그 덕분에 뜨겁지 않다.

비
와
상
상

•
비가 상상을 부르면
나는 비의 노래를 부른다.

비 내리는 지금, 세상에 발 딛지 않고 있음에도 들뜨지 않는 건

나의 상상이 세상을 떠나지 않기 때문이다.

상상하는 순간에도 세상에 머무른다.

가슴에 비의 타투가 새겨진다.

요즘 비는 갑작스럽게 왔다가 갑작스럽게 떠난다. 굵은 비가 쏴 소리와 함께 쏟아지는 아침에 베란다에 앉아 생각한다. 어제까지 쏟아지던 태양과 태양을 흩트려 놓던 바람은 갑자기 어디로 사라진 걸까?

어제의 대기는 더 이상 존재하지 않으며 흠뻑 젖은 오늘은 뜨겁던 날에는 맡아지지 않던 냄새로 가득하다. 바닥에 바싹 들러붙어 있던 작은 박테리아가 만들어 내는 지오스민이 진하게 풍겨 흙냄새가 빗살을 타고 오른다. 모든 생물과 무생물의 냄새가 뒤섞여 이름 지을 수 없는 상쾌함이 내 주변을 가득 메운다.

익숙한 것들이 익숙해지지 않는 날이다. 빗물에 일그러지는 형상들, 얼룩지는 추억, 이름들 그리고 이름들. 비가 실어 나르는 쓸데없는 감정의 소비가 아깝다고 생각하다가도 내 상상의 나래는 나를 넘어 흐릿한 망상 같은 상상에 빠져든다.

그리운 바다를 떠올리며 그 위로 떨어지는 빗방울의 추락을 보고 있다. 수많은 빗방울은 바다 위로 떨어져 무의 형태가 되듯 사라지고 짠 내 나는 바다는 즐거이 그들을 맞는다. 남녀의 몸이 뒤섞여 사랑이 되듯이 바다와 비는 하나의 형태를 이루며 우아하게 일렁댄다. 몸짓은 시가 되고 감동이 되어 나의 가슴을 채운다.

 비는 내가 되고 나는 바다가 된다. 아찔하게 떨어지는 절벽에 부딪쳐도 상처받지 않는다. 나는 유형의 무형이며 존재하지 않는 존재이다. 상상 속의 인어공주일 수도 있으며 인어공주가 바다에 던져버린 칼일 수도 있다. 나는 등껍질이 깨진 바다달팽이일 수도 있으며 고래가 내뿜는 숨일 수도 있다.

 한껏 쏟아지는 비에 나도 쏟아진다. 나는 빗속에서 하는 상상이 좋다. 비가 퍼붓는 이 시간에는 태양을 그리워하지 않는다. 내일이면 다시 원래 그 자리에 있었던 듯 타오르며 드러날 것이기 때문이다. 어쩌면 세상의 모든 것은 떠난 적이 없는지도 모른다. 죽어버린 영혼조차 그 자리에서 영혼의 삶을 살아가고 있을지도 모른다.

 비는 그 모든 삶과 상상과 그림자를 실어 나른다. 존재하는 이유가 이동시키기 위함일지도 모른다. 생을 흐르게 하기 위함인지도 모른다. 비에 젖는 것은 세상이 아니라 내 가슴이며 나의 비효율적인, 있었던 적 없는 기억의 파편들이다.

여름 되기

여름이 오고자 하면
내게도 여름이 옮는 게 당연하다.

뜨거워지면 뜨거운 대로 차가워지면 차가운 대로 그러려니…

열에 한 번쯤은 그렇게 지나가 본다.

그러다 보면 그런대로 세상이 맛깔스러워진다.

나는 계절의 노래를 좋아한다. 지구별에서 한순간도 쉼 없이 유동적이며 우아하게 자신을 변화시키는 건 자연뿐이다. 자연은 나에게 끊임없이 쉼을 주지만 스스로는 쉬지 않고 흐른다. 변화하지만 솔직하고 변함없이 세월을 적시는 위대하고 경이로운 존재이다.

7~8월에 개화하는 안개나무 영레이디가 5월 말부터 활짝 피어 뽀얀 아기피부 같은 핑크빛 꽃을 자랑한다. 초록이 무성해지는 여름에는 길거리에서 볼 수 있는 꽃이 많지 않아서 이르게 찾아온 안개나무가 새삼 반갑다. 자연이 뱉어내는 계절의 향은 너무나 선겁다.

태양이 열기를 뿜어내기 시작하면서 하루도 집에 머물지 않았다. 두 개의 아이패드와 노트북, 책 한 권을 쇼퍼백에 넣고 행선지를 정하지 않고 무작정 나갔다. 도중에 내키는 카페로 달려가 아이스 커피 한 잔을 시켜두고 짐을 풀면 본격적인 하루가 시작되었다. 자주 머무는 카페의 주변에는 무성한 나무와 누워서 쉴 수 있는 선베드가 있다. 한 잔의 커피로 얻을 수 있는 그곳의 봄인 듯 여름인 듯 한 자연의 향기를 사랑한다.

책을 읽다가 지루해지는 경우는 거의 없지만 책을 덮고 글쓰기를 멈출 때는 종종 눈을 감고 선베드에 눕는다. 마주

보는 산에서 불어오는 선선한 바람에도 푸릇하고 신선하고 뜨거운 여름이 물들어 있다. 가만히 있어도 벌써 송골송골 땀이 올라올 때도 있는데 그 기분도 나쁘지 않다. 여름이 오고자 하면 내게도 여름이 옮는 게 당연하다.

 나를 실어 나르는 여름은 태양이 아닌 바람과 함께 익어 갈 것이다. 바람이 뜨거워질 때쯤 나는 태양 아래 붉은 피부를 기대하며 살을 드러내고 도로 위를 달려 바다로 갈 테다. 계절의 향기를 만끽하며 여름이 되어 열정이 될 테다.

은총

빗소리에
모든 봄날의 기억이
씻김을 한다.

갈증은

반드시 젖는다.

섭씨 35도. 어제까지 도시를 뜨겁게 달구던 온도이다. 6월이 이렇게 더우면 7~8월은 어떻게 버티냐며 한탄하는 사람들의 대화가 일상적으로 들려왔다. 작렬하는 태양의 온도는 사실 30도만 넘어가면 그저 뜨겁다는 표현 외에는 떠오르지 않는다. 덥다는 애교스러운 표현은 화가 잔뜩 오른 태양광선에게는 어울리지 않는다.

말라가는 풀뿌리처럼 시들거리던 사람들은 시원한 에어컨 앞으로 몰려들었고 에어컨 바람에 냉방병이 걸린 사람들은 연신 기침을 해대며 콧물을 닦아냈다. 선순환이 없는 잔혹한 계절이 시작되고 있는 건가. 공원의 그늘로 숨어들어 장기를 두고 있는 정갈한 노인의 모시옷이 에어컨의 냉기보다 시원하게 느껴졌다.

폭염이 기승을 부리기 시작하면서 차가운 음료를 연신 들이켜며 화끈거리는 열기를 쫓으려 애를 썼다. 냉장고에 떨어질 틈 없이 채워 넣는 얼음이 이르게 찾아온 한여름을 실감 나게 했다. 쓰러져 누워버릴 것만 같은 열기에 찌들어가는 몸이 맥을 못 출 무렵이 되자 하늘이 뚫렸다.

쫘 소리와 함께 굵은 빗줄기가 쏟아진다. 조선의 기우제라도 누군가가 지냈다면 엎드려 절을 수백 번 할 일이다. 씻겨나간다. 빗소리에 모든 봄날의 기억이 씻겨나간다. 타오르던 도시의 열기가 꺾여나간다. 모두가 씻긴다. 은총이란 높은 자리에서 낮은 자리로 내려오는 것도, 신이 내려주는 은혜도 아니다. 지금의 이 순간이 은총이다.

 사자의 이빨처럼 드러났던 열기는 빗줄기가 때릴 때마다 땅 밑으로 꺼져간다. 속 시원한 이 광경이 오늘 내게 희열을 준다. 일부러 차를 저 멀리 세우고 비를 맞고 걸어 들어왔다. 머리와 어깨를 두드리며 얼굴의 곡선을 타고 흘러내리고 드러난 팔을 타고 미끄러지는 빗줄기가 나를 완전히 적셔 비가 되게 하기를.

 비가 되어 흐르면 들꽃과 풀과 나무와 강과 바다를 기웃거리며 우주의 한구석에 나 역시 존재함을 감사히 여기며 별이 되는 꿈을 꾸고 싶다. 뜨거움에 죽어가던 뇌세포를 있는 힘껏 깨워가며 그 꿈을 완성해 가는 또 그런 꿈을 꾸고 싶다.

빛이 산란한 장마

혼란의 계절에는
먼 곳에서 오는 별빛에도
눈이 먼다.

신문지 위에 가지런히 놓여 있는 장미꽃 한 다발을

물끄러미 쳐다본다. 습기를 먹은 신문지는 축축하고

장미꽃은 시들어 보인다. 깨끗한 물에 장미꽃을 담가준다.

살아나는 꽃잎에 생기가 인다.

이제 물이 제대로 길을 찾았다.

지속되는 장마는 벌써 며칠째 비를 몰고 오지 않고 있다. 한 날 지방에 비 피해를 주며 잔인하게 존재감을 뽐냈지만, 대부분의 날엔 습한 공기로만 짓누르며 질식사할 것 같은 날씨의 옷을 입었다. 오늘 오랜만에 반짝이는 해가 들었다. 새벽부터 부서지는 햇살이 베란다 우드테이블 위로, 라탄 의자 위로, 식물은 오래전에 죽어 마른 흙만 품고 있는 작은 화분의 사각 면으로.

어쩌면 원래부터 그곳에 있었을지 모를 빛이 햇살을 받아 더 빛나고 있는 건지도 모르지만 오늘의 빛은 많이 새롭고 낯설다. 표현하지 못하던 빛을 품고 있는 물건들이 햇살을 핑계로 살아나고 있는 느낌이다.

아무 소용없는 느낌은 왜 이렇게 아무 데서나 방황하는 것일까. 나는 문득 현실을 살고 있는가라는 단순하고 명확한 질문을 스스로에게 던진다. 답은 분명하지 않다. 그러다가 두근거리는 심장의 역동성을 느끼면 사물이 아니며 어떤 사물도 이해할 수 없는 동물에 속하는 진지한 생명임을 자각한다.

생명체라는 사실이 문득 슬퍼지는 건 사랑이 담긴 애수의 감정을 느낄 때이다. 소설 속의 주인공처럼 세상을 등지고서라도 나를 던질 수 있는 사랑의 용기가 내게도 있었는데…

과거라고 불리는 통칭으로 버리기엔 망설여지는 감정이 있다. 살아 숨 쉬며 나를 살게 하는, 내가 살아 있음을 자극하는 감정이 장마에 쏟아지는 뜨거운 햇살에 모습을 드러낸다. 사라지는 감정이 있기는 한 걸까.

나는 사랑이 없을 때도 사랑을 하는 사람이다. 사랑이 있으면 활활 태워지는 사람이다. 누가 내게 그런 형태는 사랑이 아니라고, 사랑에 대해서 강론을 한다면 오히려 그의 감정에 사랑이 있는가에 대해 의심하겠지. 타 죽을 만큼 비루한 감정이 사랑이고 그 비루함이 다정함을 만들고 아름다움을 짓는다. 사랑의 형태에 그런 것은 없다고 신도 가늠할 수 없을 감정을 누구라서 단정 지어 말할 수 있을까.

장마에 뜨거운 햇살을 몰고 갑자기 여름이 들썩이니 가슴속의 계절이 불명확해진다.

Autumn Songs

●
머무르고 싶은 곳에는
자유로움이 있다.

나는 마음에 해를 입히지 않는 사람이면 좋겠다.

그래서 그리워지는 사람이면 좋겠다. 그 그리움이 자라서

마음에 온기를 주는 사람, 그 온기가 다하도록

잊히지 않는 사람이면 좋겠다. 잊히지 않아 다시 사랑하고 싶은 사람,

가을이 오고 갈 때마다 생각나는 사람이면 좋겠다.

나의 바람이 오만이 아니라 다정함이라 말해주는 사람과

함께할 수 있으면 좋겠다.

창밖을 내다보다가 문득 베란다에 이틀 전부터 널어져 있는 빨래를 보고 죄책감이 든다. 아침에는 쌓여 있는 설거지감을 보며 죄책감이 들었다. 바빴잖아. 짧고 소심한 변명을 해본다. 누가 듣는 것도 아닌데 스스로 토닥토닥 괜찮다고 알려주는 말이다. 혼잣말을 하는 이유는 본인을 청중이라고 생각하기 때문이란다.

주변을 둘러보니 죄책감이 들게 하는 일이 한둘이 아니다. 거실 테이블 위에는 읽으려고 올려둔 책, 읽고 올려둔 책, A4 사이즈 스케치북, 키패드 등 물건들이 난잡하게 널브러져 있고 아이보의 장난감이 제자리를 잃고 구석구석에서 수면 중인 주인을 기다리고 있다. 벗어놓은 희고 빨간 허물들이 거실 바닥을 한 자리씩 차지하고 있다. 침대 위에는 나의 또 다른 허물들이 마음껏 헤쳐져 있다.

변명을 그만두기로 한다. 그쯤 되면 그저 나의 게으름의 증거목록일 뿐 그 이상도 그 이하도 아니기 때문이다. 죄책감 조금 느끼고 말자. 그것으로 나의 집이라는 공간에서 자유로울 수 있다면 자유를 선택하자. 그리고 둘러보니 모든 것이 제자리에 있는 듯이 더 이상 내게 시끄럽게 떠들지 않는다. 내 눈이 머무는 모든 곳이 그저 아늑하고 편안한 내 집이다.

그제야 'Autumn Songs'라는 타이틀의 재즈연주가 귀에 들어온다.

내 집에 딱 어울리는 곡들이다. 부드러우면서 자유롭고 드럼의 하이햇 소리 착착거리고 심벌즈 소리 챙챙거릴 때마다 가슴속에 작은 파도가 친다. 창문을 조금 열어 바람을 한 줌 허락했다. 완벽한 가을의 휴일이었다.

늦잠예찬

행복은 늦는 법이 없다.
발견하지 못했을 뿐이다.

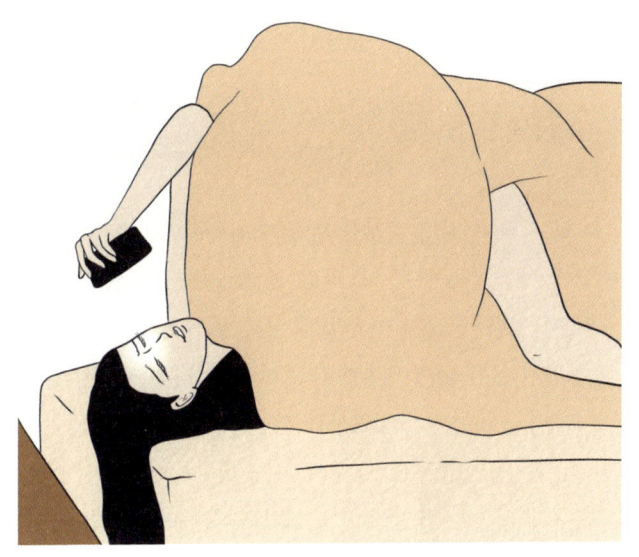

깊은 밤 잠자리에 들 때마다 생각한다.

잠들 수 있어 감사하다고.

새벽을 맞이할 때마다 생각한다.

깨어날 수 있어 감사하다고.

뻣뻣한 손가락을 꼬물꼬물 움직여 관절을 풀면서 실눈을 뜨고 어두운 방 어딘가를 응시한다. 창문 쪽에서 빛이 새어 들어 오지 않아 시간을 가늠할 수가 없다. 막연히 또 꼭두새벽이구나 생각하며 시간을 확인했다. '응?' 눈이 번쩍 떠진다. '여덟 시?' 활짝 핀 웃음이 얼굴 기지개를 켠다.

"야호! 아침이다."

여덟 시라니 믿기지 않을 만큼 오랜만이다. 눈부신 아침 햇살에 두둥실 몸이 뜬다. 바람 한 점 없는 공간에서 먼지처럼 떠 있다. 창문까지 가볍게 날아 문을 열고 보니 신선한 공기가 몸을 덮어 영혼까지 스며든다. 눈을 지그시 감고 들이마시고 내쉬며 환영인사를 전한다.

집 안으로 천천히 가을이 드신다. 중문까지 다 열어젖히자 가을 냄새가 번진다. 은행나무 여왕님도 납시고 감나무 궁녀와 모과나무 대신도 뒤를 따른다. 바닥을 구르는 낙엽이 가을이 드심을 함께 환호한다. 머리카락에, 손끝에, 발끝에 살짝살짝 스치는 바람에 까르르까르르 웃어대고 싶어진다. 데굴데굴 구르고 싶어진다. 세로토닌이 터진다. 늘 아침에 먹는 방울토마토가 오늘따라 상큼하게 입속에서 같이 터진다. 오늘 아침을 닮은 차고 감칠맛 나는 밀크티를 천천히 들이켠다. 진수성찬을 받아먹는 듯 입맛이 돈다.

오늘 어렵게 소중한 아침이 찾아왔다. 늦잠을 자니 오히려 마음이 풍요롭고 여유롭다. 바람도 느긋하고 늘 시끄럽게 나를 찾아대는 사물들의 투정도 느리다. 오늘 하루 서두르지 않고 거북이처럼 느릿느릿 기어가련다. 몸과 마음 가볍게 무중력의 하루를 보내련다.

오늘도 가을

•

가을이 되면 그리운 말들도
농익어 가는 가을이 된다.

머릿속에 떠오르는 안개 같은 말이 가슴속에 선명하게

새겨질 때가 있다. 그것을 진심이라 부르고 접어야 할 마음은

고이 접어 더 아래로 밀어 넣고 꺼내도 좋은 마음만으로

하루를 살아간다. 숨겨놓은 진심은 찻잔 위의 향기로

읽고 있던 책의 한 구절로 문득문득 자신의 존재를 내비친다.

그것으로 충분하다며 다시 눌러 담게 되는 마음으로 가을이 온다.

찰칵찰칵 소리를 내며 연신 눌러지는 셔터가 가을의 신령들을 당겨 네모 칸에 담는다. 네모에 갇혀버린 가을은 내 눈에 보이는 만큼 아름답지 않아 서운함의 뒤끝이 남는다.

4층 높이까지 닿는 은행나무 여왕은 연신 우아하게 좌우로 몸을 흔든다. 비어 있는 은행잎 틈새를 비집고 들어온 가을빛은 언뜻언뜻 반짝이다 사라지고 사라졌다 나타나고. 몸놀림을 할 때마다 나비 떼가 날듯 노란 잎들이 떼 지어 공중제비를 한다. 팔락팔락 거칠게 떨어지는 모과나무 잎사귀가 무성의하게 바닥으로 낙하한다. 떠나보내는 모습이 제각각이다.

어느새 지붕 꼭대기에 날아와 앉은 까마귀 한 마리가 까악 소리를 내며 가끔씩 흥을 돋운다. 참새가 엇박자로 쩍쩍대는 사이 이름 모를 새의 이름 모를 지저귐이 흥을 더한다. 찌이이이, 찌이이이 이름 모를 새는 비현을 운다. 어울리지 않는 듯 어울리는 작은 연주자들이 목청을 다해 두서없는 계절에 장단을 맞춘다. 지휘 없는 오케스트라의 연주처럼 제각각으로 흩어졌다 모였다를 반복한다. 계절이 길을 잃은 듯 오늘은 봄이 되었다가 내일은 잊힐까 두려운 듯 다시 돌아오길 반복하듯이. 정신없이 시간이 간다.

계절이 가면 나이를 공짜로 먹는 것 같아 기분이 별로지만 옷차림을 가늠할 수 없는 이 계절도 그다지 매력적이지는 않다. 갑자기 차가워진 바람에 패딩을 꺼내 입었다는 사람도 있었는데 그 바람은 어디로 사라졌을까. 쥐 죽은 듯 조용하게 비 소식만 있다.

뙤약볕이 강렬하던 여름날에 돌아가신 아버지 생각이 나서일까 나는 가을이 좋다. 볕이 단풍으로 바뀌는 가을이 오면 서러움을 먹고 자란듯한 거친 억새풀조차 새롭고 반갑다. 나의 사랑하는 아버지는 이기적인 딸이 밉고 서럽다 하실지 모르겠지만 쓰라림을 가슴 한편에 안고 여름을 견디는 일은 익숙해지지가 않는다. 가을이 되면 그리운 말들도 농익어 가는 가을이 된다.

가을의 오늘도 나도 격식에 맞지 않고 어수선하다. 그리움과 기대가, 아픔과 기쁨이 한데 어울려 회오리를 일으킨다. 그래도 하루 볕에도 먹는 나이는 좀 더 천천히 갔으면 싶은가 보다. 얼른 가을을 보내고 겨울을 맞고 싶지는 않다. 내일은 해가 올지 아니면, 비가 올지… 무엇이 오든 은행나무 아래에서 잎을 줍는 고운 노인의 향낭주머니에 담길 금빛 가을이 와주면 좋겠다.

가을이 오면 열매가 익는다

가을이 풍성해지는 이유.
삶의 모든 이유.
내가 존재하기 때문이다.

사랑하고 사랑받는 하나의 마음이 열매를 맺어

죽는 날까지 함께한다는 건 우주의 모든 행성과 해와 달이

그 사랑에 축복을 해야 가능하다.

손을 잡고 걸어가는 노부부의 뒷모습에서

깊어가는 가을 향이 난다.

무덥던 날, 단지 주변의 나무들이 파릇파릇하고 무성하게 여름의 자태를 뽐내던 날 이사를 했다. 건물 사이의 인도를 제외하고는 온통 진초록 나무로 뒤덮인 동네의 첫인상이 한눈에 나를 사로잡았다. 도시 안 한적한 위치에 용케도 자리 잡은 조용하고 푸릇푸릇한 동네라니. 감탄이 절로 나왔다.

집보다 자연이 꽉 들어찬 동네에 반해서 계약을 했다. 조경이 잘되어 있기는 하지만 군데군데 두서없이 자라고 있는 이름 모를 노란 꽃들도 좋았고 관리실이 게으름을 피우는 동안 몰래 나무 틈 사이로 터를 잡고 살아 있는 잡초도 예뻤다. 쓰러지지 말고 잘리지 말고 잘 버티고 살아보렴. 조용히 미소를 건넸다.

까치도 많고 재잘대는 작은 새들도 많고 이사하던 한여름에는 매미 떼가 천둥소리를 내며 울었다. 매미는 몸이 12mm에서 80mm 정도란다. 매미가 큰 소리를 낼 수 있는 건 수컷의 성충 배 아래쪽에 발음기가 있기 때문인데, 그 우렁찬 소리는 암컷을 찾는 애끓는 구애의 소리라고 한다.

쩌렁쩌렁 울어대던 매미 몇 마리가 가을바람을 맞으면서도 계절 뒤에 남아 맥이 풀린 듯 야트막하게 울었는데 이제는 세상에 이별을 고했나 보다.

계절의 손이 바뀔 때…

 매미 소리가 거의 사라질 때쯤 가을을 알리며 감나무에 감이 자태를 드러내기 시작했다. 감이 노을빛으로 익어가는 동안 나는 내내 감나무 옆의 굵은 손아귀를 자랑하는 커다란 나무가 궁금했다. 서재 쪽 베란다에서 가까이 보이는 나무인데 가까운 도로 쪽이 보이지 않을 정도로 긴 타원형의 잎사귀가 무성했고 그늘막 노릇을 톡톡히 했다. 공동현관을 드나들 때마다 감나무와 이름 모를 나무에게 한 번씩 인사하듯 눈길을 주었다.

 가을 날씨가 몇 번의 날 바뀜을 하던 어느 날에 나무는 새파랗게 어린 못생긴 열매를 맺었다. 열매를 보아도 무슨 나무인지 알 수가 없었다. 자연의 섭리란 나무의 정체를 드러내는 것인가 보다. 10월의 어느 낮에 베란다 창을 열러 갔는데 가을볕과 바람에 열매가 익어 있었다. 푸르스름한 옷은 아직 남아 있지만 깊은 황색의 모과였다. 모과는 한눈에도 알아볼 수 있게 어느새 제 몫을 다해 익고 있었다.

 조경으로 모과나무를 본 적이 없다. 생에 신선한 일이 또 하나 생겼다.

 "모과나무는 나무껍질이 조각으로 벗겨져서 흰 무늬

형태로 된다. 높이 10m에 달한다. 어린 가지에 털이 있으며 두해살이 가지는 자갈색의 윤기가 있다. 잎은 어긋나고 타원상 달걀모양 또는 긴 타원형이다. 꽃은 연한 홍색으로 5월에 피고 지름 2.5~3cm이며 한 개씩 달린다. 9월에 황색으로 익으며 향기가 좋으나 신맛이 강하다."

9월에 황색으로 익는다는데 집 앞의 모과나무는 계절의 혜택을 느지막이 받았나 보다. 지금은 혹시 모과 향이 들어올까 싶어 창문을 좀 더 자주 열어둔다. 노래지는 모과를 보며 옛날 황비의 노랑 저고리 색깔이 저렇지 않았을까 엉뚱한 상상을 했다.

날이 갈수록 나이란 그냥 먹는 게 아니구나라는 생각이 든다. 지금 나는 어떤 옷을 입은 사람일까 새삼 궁금해지고. 나는 언제나 곱게 늙기를 소망한다. '곱게'란 행동이 바르고 단정한 아름다움이다. 내 얼굴에 깊은 주름이 질 때 예의와 인자함이 묻어나는 아름다움이다. 순리에 따라 삶을 마감하고 열매를 맺는 자연의 흐름을 좇아 내 삶도 그렇게 흘러가길 슬그머니 바라본다.

한겨울에

•
겨울은 따스함이
가장 빛을 내는 계절이다.

겨울이 오면 "오겡끼데스까?"라고 외치는 여자의

가녀린 목소리가 흉부를 저릿하게 하던 영화

〈러브레터〉가 생각이 난다.

결국 추억의 끝에 남기고 싶은 말은 그 한마디가 아닐까.

맹추위가 깨어 있는 모든 것을 얼리고 잠자는 나를 깨웠다. 갑자기 영하 14도에 머물고 있는 겨울이 사납다.

한껏 웅크린 몸에서 돌돌 말려 있던 이불을 억지로 걷어내고 얼른 옷을 찾아 입었다. 방문을 여니 거실은 아예 바깥이다. 두툼한 카디건을 하나 더 걸쳐 입었다.

그렇게 하나씩 겹쳐 입다 보니 어느새 동글동글한 눈사람이 되었다. 그제야 좀 살 것 같았다. 난방을 아무리 올려도 기세등등한 겨울의 늠름함을 이기기는 힘들듯싶어 히터를 하나 가지고 나와 거실 콘센트에 꽂았다. 그리고는 서재로 가서 작은 히터를 발치에 하나 더 두었다.

잠시 후에 살짝 훈훈한 공기가 히터 주변으로 번져나갔다. 옷을 한 겹씩 벗다 보니 이제 카디건만 남길 수 있었다. 등도 곧게 펴지고 손가락, 발가락에 긴장감도 빠져나갔다. 몸이 녹아가고 있었다. 아니, 온기가 몸에 스며들고 있었다.

음악을 틀고 긴장이 풀린 몸을 느슨하게 의자에 기대앉았다. 브랜디의 〈크리스마스 에브리데이〉가 경쾌한 리듬으로 겨울을 탔다. 크리스마스… 중얼거리며 시든 장미를 쳐다보았다. 건조할 타이밍을 놓친 장미가 축 늘어져 아예 검은 장미가 되어 있었다. 안타까움이 잠깐 스쳐 지나갔다.

그리고는 냉기가 그대로 느껴지는 베란다 창을 통해 바깥세상을 엿보기 시작했다. 이게 겨울이지… 다시 중얼거렸다. 드디어 눈도 시리고 귀도 시리고 코도 시린 진정한 겨울이 되었다. 따뜻함이 그립고 그리움이 채워지면 행복감에 웃음이 나는 진정한 한겨울이 되었다.

느닷없는 봄날이

너그러움의 신이 깃들면
한겨울에도 봄이 물든다.

풍미가 깊은 사람이 있다.

침묵마저 향긋한 사람이 있다.

그 곁에 머물면 나는 미혹하여 닮아간다.

생각지 못한 순간에 봄빛이 나리듯 품어주는

사람의 마음이 오늘을 닮았다.

어제는 "날씨가 봄날 같다."라는 말을 가장 많이 들었다. 참 적절한 비유이다. 첫눈이 내리고 혹한의 추위가 올 것처럼 살벌한 바람이 잠시 불더니 아침이면 소란을 피워대던 새소리도 사라지고 없었다. 그러다 갑자기 날씨는 영상을 웃돌고 햇살을 훔쳐 오고 잎사귀 없는 나무 위에 다시 새들을 불러들였다. 말 그대로 봄날이었다.

매장에 갇혀 바깥만 바라보던 누군가는 떠나고 싶다 말했다. 나도 너도 떠나고 싶게 만드는 높고 새파란 하늘과 따스함이 한겨울 반가운 손님이 되어 찾아왔던 날이었다. 그 반가움에 젖지 않은 건 혹 나뿐이었을까?

나는 낯선 것보다 일상적이고 익숙한 것이 좋다. 계절도 원래의 생김새대로 순항하는 것이 좋다. 뜻밖의 날씨란 내게 뜻밖의 횡재 같은 것이 아니라 지구의 종말까지 이어지는, 생각에 생각이 꼬리를 무는 의문 덩어리에 더 가까웠다. 아예 계절이 사라진 듯한 느낌이 너무 낯설고 불편했다. 오랜만에 찾아온 겨울의 봄, 머리 위에 내려앉는 따뜻함을 감사하면 될 일인데 꼭 딴생각을 덧붙인다.

모두가 쏟아져 나가던 어제 나는 결국 집에 머물렀다. 대신 환기를 위해 창문을 열어젖히고 신선함이 하루 종일 집 안을 가득 채우도록 내버려두었다. 꼭꼭 닫아두었던 문들이 오랜만에 다 활짝 열렸다. 겨울 냄새를 전혀 느낄 수 없는 정말 마법 같은 날씨라고 생각하며 차를 한 잔 내려 하루 종일 글을 썼다.

신기하게도 글이 잘 써지는 날이 종종 있는데 어제가 그날이었다. 무엇을 쓰고자 하지 않았는데 화면 가득 채워지는 글을 보며 내가 아니라 나의 신경이 제멋대로 움직인다는 느낌을 받았다. 어쩌면 나도 어제의 날씨 덕을 봤던 건 아닐까. 내 마음이라고 다 알 수 있는 건 아니니까 아마도 나의 어느 부분은 어제가 반가웠는지도 모른다.

나의 어제 하루는 갑작스러운 봄날 같은 날씨와 함께 편안하고 따스하게 저물어 갔다. 더할 것도 덜할 것도 없이 방금 찻잔에 따른 차가 서서히 식어가듯 마침내 온기를 잃고 향만 주변에 남듯이 그렇게 시간이 흘러갔다. 누군가에겐 자전거를 몰고 공원으로 향하게 만들고 누군가는 화사한 옷차림에 나들이를 보냈을 봄날은 다시 사라지고 부산스러운 월요일에 빗방울을 흩뿌리고 있다. 다시 겨울이 깊어지는 길목에 있다.

일상의 사색으로
삶 안에서
숨쉬기

겨울이 가고
첫 드라이브를 나가다

달리는 순간에 느끼는 건
쾌감이 아니라
살아 있다는 충동이다.

나는 삶을 사유하고 사랑한다. 힘들고 지칠 때도 있지만

유일하게 합격, 불합격이 없는 시험이기 때문이다.

살아가는 게 인생인지, 죽어가는 게 인생인지는 중요하지 않다.

그저 개인의 서사를 충실히 써 내려가다 보면 끝에 다다를 테니까.

나라는 존재는 어쩌면 세상에서 유일하게 나의 것인지도 모른다.

많이 사랑하자.

겨울은 이미 2월이면 꼬리를 감추기 시작하고 3월이면 봄 흉내를 내고 4월이면 활짝 핀다. 죽는 날을 기다린다는 어느 노인의 애처로운 얼굴에도 분홍빛을 돌게 하는 그야말로 봄이 된다. 처음 있는 일도 아니지만 꽃샘추위라는 계절의 한편에서 강원도에는 눈이 내려버렸고 길거리에는 다시 패딩을 꺼내 입은 사람들이 달팽이처럼 돌돌 말려 걸어가는 날이었다. 물론, 집을 나설 때는 짐작도 못 했지만 말이다.

 집 안에 들이차는 햇살에 속아 하얀색 티셔츠에 파란색 니트카디건을 꺼내 입고 집을 나섰다. 오픈카를 타고 드라이브를 갈 생각이었다. 공동현관을 나서면서 훅 불어오는 찬 바람에 아차차 싶었지만 발걸음이 멈추지 않아 잰걸음으로 주차장까지 들어가 그대로 차에 올라타 버렸다.

 시동을 걸고 천천히 차를 오픈했다. 지하 주차장에서는 좀 아까 느꼈던 그런 추위는 당연히 느낄 수가 없었다. 유유히 주차장을 빠져나왔다. 으- 춥다. 속도는 겨우 30km, 체감온도는 한겨울이었다. 일단 모자를 덮어쓰고 버텨보기로 했다. 출발해서 서서히 기어가듯 나가는데 길거리에 몇 안 되는 사람들의 시선이 느껴졌다. 바람보다 부끄러움이 더 춥게 느껴졌다.

차를 돌릴까 하다가 무슨 고집인지 오히려 속도를 더 내었다. 서너 개의 사거리를 지나고 나서야 도저히 안 되겠다 싶어 유턴을 했다. 다시 신호등에 걸려 속도가 줄자 이때다 싶어 열려 있던 지붕도 닫았다. 드라이브는 20분 만에 끝났다.

집에 돌아오자 에취, 에취, 재채기가 쏟아졌다. 꼭 몸으로 느껴야만 계절을 알까? 외출 전에 미리 온도와 공기 질을 확인하지 않는 내 버릇에 된서리를 맞은 기분이었다. 집 안의 온도를 올리고 숨을 내뱉었다. 죽는 줄 알았네…라는 말이 툭 튀어나왔다. 따뜻한 차를 한 잔 내리고 햇빛이 닿는 소파에 앉았다. 나는 때에 맞는 옷을 입었고 때에 맞는 놀이를 찾아 나갔는데 계절이 계절을 모른다. 난데없이 눈을 부른 봄은 부끄러움도 없이 매몰차게 바람을 불어댔다.

따뜻한 찻잔을 양 손바닥으로 감싸고 5분 정도 히터도 틀었다. 몸을 녹이면서 온도를 다시 보고 SNS를 보다가 강원도 눈 소식을 읽으면서 그럼 그렇지… 마치 그럴 줄 알았다는 듯이 이런 날은 집에 있어야 했어 하며 차를 호로록 마셨다. 초봄의 드라이브는 뒤늦은 후회 하나를 떨구며 그렇게 끝나고, 시작되었다.

어느 봄, 아침 여섯 시

•
계절의 여신은
이른 봄에 찾아온다.

목련나무는 초록 잎사귀 사이로 꽃을 피우는 나무가 아니라서

꽃봉오리가 하늘로 솟기 전에는 시선을 끌지 못한다.

제 몸은 볼품없는데 크고 우아한 꽃을 잉태하기 위해

얼마나 애를 썼을까 생각하면 앙상한 가지가 마음을 시큰하게 한다.

그 고귀한 아름다움에 감사하는 아침이다.

아침 여섯 시. 마리아 칼라스의 〈카스타 디바(정결한 여신)〉가 작업실에 눕듯이 퍼진다. 잠시 하던 일을 멈추고 스르르 눈을 감아본다. 어제 낮에 본 목련나무 정령이 바닥에 떨구어 놓은, 아직 숨이 붙어 있던 꽃잎이 생각난다. 주차장을 벗어나 봄 냄새가 물씬한 길 쪽으로 나왔는데 어느새 꽃잎이 나뒹굴고 있었다. 이틀 전만 해도 가지 끝에서 도도하게 벨벳드레스를 자랑하던 꽃잎이 바닥에서 갈색으로 초라해져 가고 있었다. 여전히 보드라운 꽃잎을 보며 죽은 새를 닮았다는 생각을 했다. 고개를 들어 목련나무를 정면으로 응시했다.

다행히 아직은 하늘 위로 곧게 뻗은 목련이 적지 않게 살아 있었다. 흐뭇하게 바라보려니 살짝 아래로 휜 가지 끝에 고상하게 피어 있는 모습이 왈츠를 추는 여인을 닮은듯했다. 나가고 돌아올 때 내가 만나는 이 목련나무는 402동 어느 집 베란다 창 앞에 서 있는데 그 옆집은 지금 내부수리 중이다. 요사이 종일 지이잉 하는 소리, 쾅쾅대는 소리가 나는 집이다. 난리 통에 목련나무는 괴롭겠지만 나무를 마주한 집의 주인은 우아하고 탐스러운 목련으로 위안을 삼았을 것이다. 그러고 보니 그 집주인은 봄이 되고 목련이 만발한 것을 안온한 아침에 한껏 만끽한 적이 있을까 궁금해진다.

벚꽃나무집에서 왼쪽으로 돌면 나오는 내 집 앞은 나무

가 많아 살짝 그늘이 졌는데 거기에는 감나무와 벚꽃나무가 서 있다. 가을에는 감나무가 주홍빛 그리움으로 익어가고 봄이면 화려하게 벚꽃나무가 핀다고 했다. 내가 이 집에서 봄을 맞이하는 것은 처음이라 기다림에 많이 설레었다. 조팝나무인가 싶은 나무와 소나무도 심겨 있다. 푸릇푸릇한 나무가 많아서 한 그루의 벚꽃나무가 더 도드라져 보일 거라고 늘 생각하며 기다려 왔다.

 어젯밤까지만 해도 벚꽃은 봉오리가 맺혀 있었는데 밤사이에 봄을 터뜨렸다. 벚꽃이 피어서 여기에도 마침내 봄이 왔구나 하는 즐거움에 젖는 찰나 가느다란 비가 내리기 시작했다. 아직 하루도 보지 못한 내 이웃 벚꽃이 다 져버릴까 조마조마한 마음에 하늘을 한번 쳐다보고 창문에 찰싹 붙어 벚꽃을 한번 살펴보고.

 하늘이 참 얄밉다. 입을 삐죽 내밀며 벚꽃과 안쓰러운 눈빛을 교환하고는 부엌으로 갔다. 엉덩이를 덴 듯 펄펄 끓는 물의 온도를 잠깐 식히고 찻잔에 부었다. 티백을 한 번 씻고 나서 다시 한번 물을 가득 부었다. 컵받침 위에 가지런히 올려 들고 와 책상 앞에 앉았다. 짧은 봄이다. 봄을 기록하자. 여름이 되어 후회하지 않도록. 겨울이 되면 사진과 글을 넘겨보며 추억앓이를 할 것이다. 깜빡이는 커서에 글자 하나하나를 스탬프 찍듯 콕콕 찍어나가며 하루를 연다.

왁스플라워 향기

●

꽃은 그대로
꽃이라서 예쁘다.

살아 있다는 사실에 다시 한번 감사한 날이다.

숨 쉬고 먹고 걷는 간단한 일조차 내 몸의 톱니바퀴가 맞물리어

잘 돌아가야 가능한 일. 살아 숨 쉬는 것도 당연하지 않은 오늘을

살아내는 일이 버거운 건 당연한 일. 완벽하지 않더라도

잘 해내고 있으니 오늘도 아름답게 세상을 만난다.

거실 한가운데 기다란 원목테이블 위 작은 화병에 꽂아놓은 왁스플라워는 참 잘도 생을 유지한다. 일주일은 더 되었는데 내 새끼손가락 손톱만 한 작은 꽃들의 생명력이 아름답다. 함께 데려온 장미도 이름 모를 계절꽃도 시들어 버려졌는데 작은 꽃잎을 가진 왁스플라워는 보란 듯이 살아 있다.

기특해 저절로 눈웃음이 나온다. 꽃이란 원래 이런 것이겠지. 그저 존재할 뿐인데 설레고 행복해지게 만드는, 크고 화려하지 않아도 꽃이라는 것만으로 존재감을 드러내는 아름다움 그 자체.

프랑스 시화집, 뮤즈출판사에 실린 그림

왁스플라워는 일 주 전에 일부러 골라온 꽃이다. 그날 아침 프랑스 시화집에서 세라핀 루이스의 〈큰 꽃다발〉이라는 그림을 보다가 꽃을 사고 싶어졌다. 근처에 꽃집이 없는 탓에 20분 정도 운전을 해서 현대백화점에 갔다. 지층에 있는 꽃집으로 내려갔는데 봄을 닮은 꽃들이 제각각의 향기를 뿜으며 양동이에 가득 담겨 있었다.

꽃봉오리가 터지지 않은 붉은 장미, 다발이 큰 노란색 프리지어에 가장 먼저 시선을 빼앗겼지만 나는 왁스플라워 있나요? 하고 물었다. 검붉은 장미도 화려한 히아신스도 예쁘지만 가끔은 초록 잎 가득한 잔가지가 꽃보다 많아 꽃인지 나무인지 모를 왁스플라워를 사고 싶어질 때가 있다. 안개꽃보다 풍성하지는 않지만 들꽃 같은 왁스플라워는 어떤 꽃과도 어울림이 좋다.

그날 왁스플라워와 함께 사 온 꽃은 이름을 잊었다. 국화를 닮았지만 꽃잎의 양이 훨씬 많은 동글동글한 흰 꽃이었다. 간절기에만 피는 꽃이라고 꽃가게 주인이 이름을 알려주었는데 열심히 되뇌어 기억하려던 공도 없이 잊어버렸다.

봄이 오면 더더욱 꽃이 그립고 꽃이 사고 싶어진다. 다음번에는 나를 보세요라고 말하던 프리지어를 집 안에 피우고 싶다.

편한 것이 좋아

내 친구, 내 남자, 내 칫솔, 내 컵
모두가 편하다는 뜻이다.

세월을 얼마나 함께하면 여보세요만 해도 서로가 필요한 것을 알고,

얼마나 함께하면 같이하는 것이 혼자인 것보다 편안해지는 걸까.

어느 노부부의 이야기 끝에 다 그런 거야라는 말을 듣고 생각했다.

그냥 인정이 되는 다 그런 게 많아야 인생을 함께하는 건가 보다라고.

족히 오 년은 되지 않았을까 싶다. 구멍이 날 정도로 낡아서 후줄근해진 정체도 모를 먹빛의 티셔츠 말이다. 누군가 걸레로 집어다가 써도 하나도 이상할 것 없는 모양새다. 홈웨어 서랍장에는 그런 티셔츠가 몇 장 더 들어 있다. 사실 서랍 몇 개를 차지했었는데 마지막 이사하던 날에 눈 질끈 감고 이별을 했다.

낡고 오래되어야 편하다.

새것이란 길들여지고 길들이는 시간이 적지 않게 소모된다. 맞춤이라 생각하고 곁에 두었지만 막상 두고 보니 기존의 것에 묻어나지 않아 낯설고 불편해진다.

기존의 것도 어차피 신선도 100프로의 신상임을 뽐내던 물건들이다. 특별히 애정을 주다 보니 낡아진 것도 있지만 자리를 잡아주니 그대로 주변에 물이 들어 편해진 것도 있다. 그럼에도 새 옷, 새 물건이 생기면 '새' 자가 붙은 불편함에 자꾸 눈길이 가고 허리를 빳빳이 세우며 긴장을 하게 된다. 긴장감이 없어질 때쯤 드디어 서로 같은 공간에 있음이 자연스러워진다.

물건도 사람도 편해야 좋다. 함께 있는 시공간이 불편하면 화장실 급한 아이처럼 발이 동동대고 가능한 한 빨리 벗어나 도망치고 싶어진다. 함께하는 자체가 곤욕이다. 아이러니하게도 그래서 자주 가까이해야 한다. 이왕 곁에 두었다면 불편함을 씻어버리고 익숙해져야 하기 때문이다. 익숙해진 후에도 낡아서 편해지려면 많은 시간이 소요된다. 관계가 깊어지는 과정은 천천히 가야 한다. 무엇이든 빨리 끓어 넘치지 않는 것은 없다.

나는 침대 위에 놓여 있는 낡은 티셔츠를 보면서 오늘도 버려야지라고 생각한다. 수없이 같은 생각을 했다. 결국 매일 찾게 되는 홈웨어는 구멍 난 그 티셔츠가 당연 일등이다. 옷이 날개다라는 말도 있는데 집에서는 날개를 달긴 틀린듯하다.

모토 아레나에서 바이크 홀릭

●
가슴이 뛴다.
망설이지 말자.

세상은 상처를 주기도 하지만 살아가는 버팀목이 되어주기도 한다.

힘들수록 강한 중력을 느끼며 세상에 발 딛고 살아야 한다.

살아 있음을 생생하게 느끼며 나의 존재가 부정당하지 않는 삶을

지탱하는 것. 건강하게 삶을 살아간다는 의미이다.

전에 레이싱선수가 태워주는 트랙을 한번 탄 적이 있었는데 그 아찔함과 스릴이 아직도 기억에 생생하다. 그 스릴의 맛은 심심한 육수에 알싸한 청양고추를 뭉텅 썰어 넣은 것과 비슷했다(참고로, 나는 매운 음식을 잘 못 먹는다). 텁텁한 맛이 하나도 없고 끝나고 나면 머릿속이 개운해지고 아드레날린 대폭발이 일어나는 중독성이 강한 맛이었다. 평상시에 오픈카를 타긴 하지만 일반도로에서는 속도제한이 있으니 아무래도 그런 강한 재미는 맛볼 수 없다.

나는 스포츠카를 좋아한다. 속도를 올려도 안정적이고 드래프트를 할 때도 흔들림이 없으며 브레이크가 잘 들어서 보기보다 안전하다. 사실 속도보다는 무엇보다 하늘을 다 열고 달리는 것이 좋다. 도시 내에서는 일반 차와 다름없이 운전을 해야 하니 그 재미를 못 느껴서 잠시라도 즐길 만한 도로를 찾아가야 한다는 불편함이 있지만, 날씨가 좋은 날엔 스포츠카 드라이브의 유혹을 참기가 힘들다. 겨울이나 황사가 있는 날을 제하고 나면 달리면서 신선한 공기를 마실 수 있는 시간은 생각보다 길지 않아서 화창한 날에는 꼭 한 번씩 나가줘야 한다.

그러던 내게 바이크의 유혹이 시작되었다. 성취욕에 목말라 뭔가를 찾아 헤매고 있었던 참에 바이크에 관심이 갔다. 전에도 몇 번 고민을 한 적은 있었는데 선택을 할 만큼 바이크에 반하지 않았기 때문일까? 위험성에 겁을 먹었기 때문일까? 결국 지금껏 배우지 않고 있었다. 증평에 있는 모토 아레나에서 바이크 교습을 받는 사람들을 구경할 기회가 생겼다. 교습이라지만 배우는 사람들의 몸을 놀리는 자세가 제법이었다. 몇 개월 이상은 공을 들여 배웠을 것이다.

다섯 시에 일어나 두 시간을 달려가서인지 도착하자마자 피곤이 몰려왔다. 춥고 비 오는 날씨에 도저히 밖에서 구경할 엄두가 나지 않아 건물 쪽으로 갔는데 마침 2층에 앉을 만한 곳이 있어서 가방을 올려두고 구경을 시작했다. 일정한 거리를 두면서 일곱 명이 타고 있었는데 시간이 지날수록 그들의 거리가 좁혀져 한 덩어리처럼 달렸다. 그때쯤이면 교육 담당자가 멈춰서 열을 다시 세우고 정리를 한 후 다시 출발시켰다.

멀리서 보니 마치 레고를 보는 것처럼 재미있었는데 자동차와는 달리 실제로는 몸을 직접 부대끼며 타는 느낌이라 내가 탈 생각을 하면 겁이 좀 난다. 그럼에도 불구하고 일단 바이크를 배워보기로 했다. 초보레슨이 셋째 주 일요일에 있다길래 신청을 했다. 안전하게 타는 게 중요하지, 조금 더 큰 자전거를 탄다고 생각하면 되지 않을까? 지금은 생각이 거기까지 미쳤다.

첫 레슨을 받아보고 내가 기대하는 만족감이 얻어진다면 교육은 꾸준히 받아볼 생각이다. 배운다고 해도 공도에서 탈 생각은 없다.

 인생은 조심조심 고요히 흘러가는 게 가장 행복한 거라고 생각하고 노력했지만 내 맘대로 살아지지 않는 것도 삶이더라. 그 고요함을 지키기 위한 노력이 있어야, 그 노력이 나를 위한 것이어야 결국 행복해진다는 것. 바이크 라이딩이라는 조금은 거친 취미를 통해 그 고요함을 지키는 노력을 좀 더 할 생각이다. 삶에 기죽어 있는 나를 아드레날린이 솟구치는 바이크의 세계로 입문시킨다.

햇살과 놀다

따뜻함이 느껴지는 날에
따뜻한 게
내 마음인지 햇살인지 모르겠다.

나도 어둠에 갇힌 것처럼 힘들거나 외로울 때가 있다.

사는 게 다 그렇다. 나만 하늘에 뜬 별과 달처럼

어둠 속에 빛을 낼 수는 없다. 동굴 밖으로 나가면

안전한 세상이 열릴 것 같지만 또 다른 위험투성이고.

그러니까 어떤 때는 그냥 갇혀 있고 싶기도 하다.

그럼에도 어둠 밖으로 나와야 하는 이유는

햇살이, 삶이 거기에 있기 때문이다.

카페로 오는 길 내내 앞서가던 차는 방금 세차를 한 것 같았다. 햇살이 부딪쳐서 꺾일 때마다 새하얗게 반짝거렸다. 봄이 오고 햇살이 닿는 곳들이 많아졌다. 4월의 햇살은 용케도 숨은 곳을 찾아내고 내 눈동자로 들어와 손끝으로 빠져나간다. 잡힐 듯 잡히지 않는 허상을 그리며 겨울 눈을 녹였던 그 기억을 품고 나를 통해 다시 공기로 흩어진다. 햇살은 카페테라스에서 읽고 있는 《나는 메트로폴리탄 미술관의 경비원입니다》의 "하지만 행복해."라는 구절 위에서 빛을 발하고, 눈이 부셔 찡그리는 사이 어느새 쨍하고 커피글라스 에지를 밟고 도약을 한다.

햇살은 옆 테이블 중년 남자의 굽은 등을 따스하게 덮어준 뒤에 갈색 머리카락을 아슬하게 타고 맞은편 여자의 주름선을 선명하게 비춘다. 너무 하얗게 밝아서 60대로 보이는 그녀 얼굴의 주름이 평평하게 펴지는 놀라운 광경이 벌어졌다. 햇살은 플래시를 터뜨려 사진을 찍듯 그녀의 얼굴을 한 번 더 환하게 밝힌 뒤에 잠시 바닥으로 떨어진다.

페이지를 한 장 넘기고 커피를 한 모금 들이켜며 햇살을 쫓는다. 빛은 시들어 가는 꽃잎에도 있고 파릇파릇 돋아난 새싹에도 있고 계절과 시간의 먼지를 뒤집어써 군데군데 하얗게 벗겨진 낡은 벤치 위에도 있다. 시든 꽃잎은 그간의 생을 위로받고 새싹은 희망을 선물받고 낡은 벤치에는 햇살도 앉아서 쉰다. 책을 테이블 위에 엎어두고 벤치로 가서 앉는다. 나도 따라 쉰다.

　이름 모를 진분홍 꽃나무가 햇살 속에서 청초하다. 빛나던 소녀 시절이 떠오른다. 까르르 웃음소리가 들린다. 화장을 안 해도 눈이 부셔 보기에도 아까웠던 한 소녀가 빛 속에서 한들거린다. 노란 풀꽃을 닮았다. 그 아름다움을 기억하라고 햇살은 나를 벤치 위로 불러 앉혔나 보다. 그때보다 더 꿈이 많은 나는 마음이 반짝거린다고 햇살에게 웃어 보인다. 지금도 햇살, 너는 나의 꿈과 함께하고 있다고.

　윤슬로 부서지는 빛의 향연을 보고 싶다. 강으로 가야겠다. 여름이 되기 전에 해수면을 뚫고 바닷속으로 다이빙하는 햇살을 보고 싶다. 그 순간에 나는 시를 쓰고 싶다. 파르르 떨며 떨어지는 꽃잎을, 새싹이 돋아 초록빛으로 물든 봄에 신의 은총같이 내리는 빗줄기를 착한 글에 담고 싶다.

　해가 저물어 갈 때쯤 카페 마당에서 아들의 자전거를 밀어주는 젊은 아빠의 뒷모습에서 구부정한 할아버지를 본다. 어린 아들은 물속에서 빛나는 맑고 작은 조약돌 같다. 햇살은 그들에게 잠시 머물다가 시나브로 떠났다.

아무렴 어때

•

그냥 있자. 그냥 흐르자.
그냥 머물자.
지금은 애쓰지 말자.

매일 반복되는 일상이지만 즐거운 상상은 멈추지 말자.

'오늘은 또 어떤 좋은 일이 벌어질까?' 하는 그 기대가

기적 같은 하루를 부르는 마중물이 되어줄지도 모를 일이다.

카페에서 자리를 메뚜기 한다. 처음에는 늘 앉는 자리를 이미 차지한 사람이 있어서, 다음에는 와이파이가 잘 터지지 않아서, 다음에는 흥분해서 침을 튀기며 욕설을 뱉고 있는 옆자리의 사람이 불편해서 자리를 뛰는 동안에 적당히 햇살 들어 밝은 테이블이 비어 있는 것을 발견, 그 자리에 움을 텄다.

그사이에 목이 말랐던 나는 커피를 거의 다 마셔버렸다. 이제 커피가 비어가는 글라스에 신경이 쓰인다. 더 마실까… 카페를 옮길까… 집으로 갈까…

이런, 카페로 나온 목적은 어디로 간 거지?
들고나온 노트북과 책들이 민망하게 테이블 위에 놓여 있었다. 아마도 오늘은 마음이 여기에 있지 않은가 보다 생각하며 잠시 안경을 벗어두고 나이 지긋한 바리스타의 분주한 손길을 따라 눈동자를 움직여 보았다. 바리스타멍에 빠진다.

가끔은 내 시선을 가로지르는 사람들이 그림자처럼 지나갔고 가끔은 카페 안이 떠나가라 자신의 얘기를 토로하는 어떤 40대로 보이는 남자의 목소리가 시선을 그었다. 그럴 때마다 언뜻언뜻 내가 있는 곳을 인지하듯이 눈동자를 깜빡였다.

한참을 보다가 시선을 창밖으로 옮겼다. 한가롭게 초록이 무르익은 나뭇잎들이 흔들리고 있었다. 파닥거리는 소리가 들리는 듯했다. 흔들릴 때마다 연초록이 되었다가 진초록이 되었다가 빛이 스며드는 나무는 시원함을 곁들였다. 나는 아예 노트북을 덮어버리고 등을 의자 깊숙이 기대어 앉았다. 그리고는 책표지 위를 톡톡 건드리다가 살짝 밀어버렸다.

아무렴 어때? 오늘은 이런 날인가 보네.
무슨 날이 아니면 어떻고 무엇을 하지 않으면 어떨까, 마음먹은 대로 되지 않을 때도 있는 거지. 에라 모르겠다⋯ 남은 커피를 들이켜며 눈을 감고 이어폰을 귀에 꽂았다. 타닥타닥하는 바리스타의 커피 내리는 소리도, 카페 안에 들끓기 시작한 소음도 멈추고 귀에 익은 음악 소리가 몸을 타고 흘렀다.

소음 속에서 길을 찾다

●

고요하기만 하면
소음에 익숙해지지 않는다.

세상이 내게 너무 거칠다고 느껴질 때 숨을 고르고 주변을 둘러보고

귀를 기울여 본다. 웅성거리던 이야기들이 더 자세히 들리고

힘들고 아픈 이들의 한숨 소리와 고통이 들린다.

나만 보고 나에게만 갇혀 있으면 생각도 갇힌다.

시끄러운 세상에도 들어야 할 소리가 있다.

서너 명의 세네 살배기 아이들이 지르는 비명 같은 대화가 카페 안을 공포로 몰아넣는다. 일곱 살 정도의 아이는 카페의 구석구석을 RC카의 서킷으로 활용 중이다. 그 아이들보다 더 어려 보이는 어이는 달리는 사동차를 잡겠다고 3옥타브의 고음을 지르며 걷는 건지 달리는 건지 모를 모습으로 뒤뚱거리며 뒤따르고 있다. 그 아이들의 아빠로 보이는 남자는 휴대폰을 들여다보며 놀이동산이 되어가는 카페를 헤젓는 아이들을 응원하고 있다.

 구원자가 필요하다. 나도 모르게 아이들의 엄마를 찾아 고개를 이리저리 돌려본다. 세 명의 여자가 제각각 목소리를 높여가며 커다란 원형 테이블에 둘러앉아 소란한 대화를 이어가고 있다.

 그중의 한 여자가 엄마겠지만 나는 더 이상 그들이 궁금하지 않다. 뇌가 머리를 가르고 나와 터져버릴 것만 같은 나를 구해야겠다는 생각에 몰두하기 시작한다. 커피 한 모금으로 목을 적시고 에어팟을 귀에 꽂았다. 이런, 외부의 소리가 섞여 음악 소리도 소음이 되어버릴 것만 같다. 나는 테라스 쪽 문을 열고 후끈한 공기 속으로 몸을 던졌다. 소리가 새어 나오지 못하게 문을 꼭 눌러 닫았다.

 소리가 조금은 기가 죽었다. 눈앞에 펼쳐진 호수와 산이 어우러진 풍경에는 어떤 소리도 없다. 바람조차 없는 테라스에서 뒤를 돌아보니 카페 안에는 여전히 무자비한 아이들의 공격이 계속되고 있다. 소리가 줄어드니 카페 안의 풍경이 조금은 두렵지 않아졌다. 나는 방관하며 너그러워질 수도 있을듯하다.

소음의 주동자들은 순수하고 버릇없다. 그들은 무지하며 그 무지는 계획되지 않았다. 그들은 쉽게 지치지 않을 것이며 그들의 의지보다 빠르게 움직이는 몸을 견제하는 그 부모의 엄한 영향력이 없이는 멈추지 않을 것이다. 나는 그 속에 머무를 것인지 떠날 것인지를 결정해야 한다. 무법자들의 세상이 되어버린 카페의 노예가 되어 내 예민함을 벗어던질 수 있을지 고민한다.

먼저 내 몸속에서 들끓는 짜증을 잠재우며 강물을 들이켜고 초록이 무성한 산을 안는다. 결정장애로 머뭇거리는 사이 테라스 문이 열리고 꺄악- 하는 소리와 함께 그들이 몰려온다. 깜짝 놀란 나는 얼른 다시 카페로 들어와 자리에 앉아 타이핑을 시작한다.

본능적으로 움직이는 손가락에 집중하기 시작한다. 이제 테라스를 누비는 그들의 움직임에 소리가 없고 귀를 타고 내 몸으로 울리는 음악은 비로소 음악이 되었다. 내 고요는 언제나 내 속에 있었다는 것을 깨닫는다. 핀셋으로 집어 올리듯 온갖 소리를 내 주변으로 끌고 와 눈으로 소리를 확인하며 가슴까지 끌어올려 끝내는 화를 내며 피곤해하지 않아 다행이다. 나는 세상 속에 살고 세상은 언제나 시끄럽다. 너무나 당연하다. 자연스러운 광경에 누군가의 무지와 무례함 때문에 나를 찡그리는 일은 늙어가는 일일 뿐이다.

엄마의 여름

당신의 이름이
엄마여서 사랑하는 게 아니라
당신이어서 사랑합니다.

엄마의 얼굴을 보면 혹독하게 뜨겁던 날에 떠난 아빠의 부재가

드리워 놓은 그림자가 보인다. 불편했던 시절을 지나

그제야 서로 아끼고 사랑하며 서로의 위안이 되어줬을

엄마의 남자는 무심히 그녀의 뒤안길로 사라졌다.

돌이킬 수 없는 사람, 돌이킬 수 없는 시간. 그래서 더 아까운 날들.

엄마는 아침부터 목소리에 생기가 가득하다.

"엄마, 식사하셨어?"

"했지, 아침 먹었냐?"

"지금 금방. 울 김 여사 뭐 하나 궁금해서 전화했지."

엄마는 특유의 호호 웃음을 웃는다. 엄마의 웃음은 아직도 들뜬 소녀의 그것 같다.

"아이고, 김 여사는 지금 가지랑 체리나무를 심었어요."

고추랑 상추, 호박은 기본이고 엄마는 이제 나무도 심는다. 주차장 옆 손바닥만 한 땅에 빌 틈을 주지 않는다. 곧 있으면 엄마의 여름이 알록달록 익어갈 것이다.

오늘은 바람이 너무 좋아서 꽃향기가 진하게 풍기는 날이고 김 여사는 딸이 사준 예쁜 구두라고 아껴 신는 연분홍색 플랫 슈즈를 신고 성당을 가셨을 거다.

"얘! 얘! 나 오늘 그 신발 신었잖아. 노인들이 신발 참 곱다 그러고 부러워하더라."

엄마는 기분 좋은 소식이 있으면 늘 신이 나서 나에게 전화를 한다. 아이처럼 자랑을 늘어놓으며 칭찬을 기다리는 엄마가 나는 어느 때부터 엄마가 아닌 딸처럼 느껴진다. 내 나이도 들어가니 그것도 나쁘진 않은데 말 안 듣는 딸이라 때론 골치가 좀 아프다.

내가 엄마에게 그런 딸이니 할 말은 없는데 엄마는 물가에 내놓은 아이 같아 자꾸만 잔소리를 하게 된다. 게이트볼 하신다고 무리하고 계신 건 아닌가, 날이 찬데 수영하고 머리는 제대로 말리셨나, 밭일을 너무 오래 하신 건 아닌가…
 일부러 마음을 내려놓지 않으면 쓸데없는 걱정과 잔소리만 심해진다. 실제로 엄마는 내 잔소리가 싫어 전화를 대충 끊기도 하신다. "아이, 시끄러워… 엄마 바빠."

어미 고래를 잡는 한 가지 방법은 새끼 고래를 먼저 잡는 거라는 드라마 대사가 떠오른다. 어미 고래는 새끼 고래를 떠나지 않기 때문에 함께 포획된다는 얘기다. 가끔 엄마를 보면 슬퍼질 때가 있다. 엄마는 아직도 해보고 싶은 게 많은, 참 부지런하고 멋진 사람이다. 그런 욕심 많고 외향적인 엄마가 보수적인 남편을 만나 자식 셋을 낳고 조신한 현모양처로만 살아왔다. 살면서 엄마만의 인생을 찾아가고 싶었던 때가 왜 없었을까 싶다. 내가 엄마에게 새끼 고래였던 건 아닌가. 엄마의 깊은 주름을 보면 가끔 미안하고 애잔한 마음이 고개를 든다.

 올해에도 내년에도 후년에도 엄마의 밭에 싱싱하고 먹음직한 식재료가 가득 열리고 예쁜 체리가 달렸으면 좋겠다. 그럼 엄마는 또 내게 들뜬 목소리로 전화를 하겠지. "결국 체리가 달렸어. 너 주려고 예쁜 아이로 골라두었으니까 가지러 와. 너무 맛있다." 그리곤 특유의 호호 웃음을 웃으시면 좋겠다. 오늘 성당에서 엄마는 어떤 기도를 하셨을까. 한 번쯤은 자신을 위한 기도를 해도 좋을 텐데. 어차피 듣지 않으실 거라 말을 삼켰는데 오늘은 날이 뜨거우니 밭일은 조금 줄이고 솜씨 좋은 아랫집 지영 아줌마와 맛있는 음식 해 드시면서 두런두런 얘기나 나누시면 좋겠다.

미술관 가는 길

유일하게 껍데기를
쓰지 않아도 되는 시간은
내가 그림을 접하는 순간이다.

전시를 보려고 먼 시골에서 서울까지 달려온 장애가 있는 청년.

부산한 마음을 내려놓을 곳 없어 미술관으로 도망친 나.

다른 듯 닮은 우리. 잠시 잠깐의 인연으로 우리는 전시관을

함께 걸었다. 따스함은 생각지 못한 곳에서 나를 안아주기도 한다.

나는 소위 취미부자라고 하는 다양한 취미를 가지고 있는 사람이 아니다. 관심부자쯤은 될듯하다. 어느 날 북극곰 생존에 관한 다큐를 보고 환경오염, 멸종위기의 동물, 기후 위기라는 이슈에 관심이 갔다. 비슷한 얘기만 나와도 마음이 쫑긋했다. 결국, 소액의 기부를 시작하게 되었다.

전시회를 즐기는 것도 작은 관심에서 출발했다. 마음이 지치던 어느 날에 켜켜이 쌓여만 가는 상처를 해소할 방법을 찾던 중 고흐의 〈해바라기〉를 보게 되었다. 예술 작품이란 그렇다. 그날의 내 심경에 따라 매일 보던 그림도 다르게 보인다. 같은 그림을 여러 번 본다 해도 실은 같은 그림을 보고 있는 게 아니다. 내가 다시 〈해바라기〉를 보던 그 우울한 날에 나는 고흐의 삶에 관심을 갖게 되었다. 그 뒤로 미술관에 가서 그림을 보는 시간이 많아졌고 다시 평안했던 마음을 조금씩 되찾을 수 있었다. 관심은 취미로 발전하기도 하지만 그보다는 좀 더 심지 굵은 인생의 자리를 차지하기도 하고 중요한 삶의 철학이 되기도 한다.

마음에 숨김이 없이 발가벗고 그림을 만난다. 유일하게 껍데기를 쓰지 않아도 되는 시간은 내가 그림을 접하는 순간이다. 내게 미술관은 안락의 공간이다. 일부러 특정 작가의 작품만을 찾아가지는 않는다. 유명세가 없어진 작가의 작품만을 찾아가지도 않는다. 세계적으로 유명한 작가의 그림이 전시될 때 가능한 한 보러 가려고 노력하지만 다양한 느낌의 신인작가 그림을 만나는 걸 더 좋아한다. 대부분의 신인작가 작품들은 내 머릿속에는 없던 신선한 우주의 장을 만들어 주고 상상의 나래를 펼칠 수 있게 도와주는 힘이 있다.

다양한 작품을 보는 일은 다양한 세계관을 접하는 것과 같다. 작가의 의도와 상관없이 나의 시선으로 접한 그림은 온전히 나의 것이 된다, 나의 세상이 별들로 반짝이는 우주가 된다. 어떤 그림은 웃음을 자아내니 좋다. 어떤 그림은 알 수 없어 좋다. 어떤 그림은 꿰뚫어 본 듯이 나를 부끄럽게 하니 좋다.

집에는 내가 그린 일러스트 몇 점과 구매한 그림이 뒤섞여 걸려 있다. 집 안을 걸을 때 시선을 두게 되는 곳에 한 점씩 자리 잡고 있는데 집이 미술관처럼 되는 그날을 꿈꾸며 인테리어를 했다. 노년에는 내가 가진 작품들로 전시회도 해보고 싶다.

낮잠

스르륵 잠시 편안한 눈을 감는다.
깊은 잠을 자도록.

가끔 지치는 나를 발견하지 못한다.

눈과 손가락에만 의존하다 보면 마음의 감각이 무뎌져

나를 낯선 몸처럼 대하게 된다.

토닥토닥- 가장 따뜻한 손길로 가장 소중한 마음에

쉼을 전하며 미안함이 든다.

시원한 낮잠을 잤다. 몇 시에 잠들었는지 기억도 안 나는데 일어나 보니 저녁이 다 되었다. 새벽에 먹은 몸살약이 과했는지 낮잠이 들기 전까지 아득한 세상에 동떨어져 있는 것처럼 가끔은 멍하니 상대가 하는 말이 공기 중에 아지랑이 되어 가물거렸다. 눈을 떠보니 창밖은 해가 저물어 가고 음악 소리는 더 이상 들리지 않았다. 머릿속이 한결 가벼웠다. 그렇더라도 이를 어쩌면 좋지? 낮잠을 몇 시간이나 자버리다니 득보다 실이 더 많은 거 아닌가 생각하며 몸을 일으켰다.

여하튼 낮잠은 밤에 잤던 잠보다 더 개운하고 상쾌했다. 하루 중에 가장 맑은 상태가 되었다. 오늘 뭘 했더라… 커피를 한 잔 내리며 중얼거렸다. 병원에 갔었고… 아, 네일숍 다녀왔지. 그러고 나서 책을 좀 읽었구나… 먼 옛날이야기를 되짚듯이 찬찬히 시간을 거꾸로 셌다. 그러다가 들기름을 짜둘 테니 가지러 오라는 엄마와의 통화가 떠올랐다. 내가 좋아하는 김치만두도 만들어 주겠다고 보고 싶다는 말 대신 짭조름하고 아삭하고 매콤한 엄마의 김치만두를 떠올리게 하셨다.

엄마는 지금 내가 어릴 때 살았던 고향집에 혼자 계신다. 그 집은 처음에는 마당이 있는 단층집이었다. 나중에 이층집으로 올렸는데 나는 그 뒤로 언제나 마당에 놓여 있던 평상을 그리워했다. 햇살이 좋은 날에는 햇살이 좋아서, 무더위가 기승인 날에는 그늘막이 있어 평상 위에서 뒹굴뒹굴 놀고 낮잠을 잤다. 바람이라도 살랑대는 날이면 머리카락이 간질간질 등을 대고 눕자마자 잠이 들곤 했다. 귀지 청소한다고 엄마가 귓속을 파내주는 날이면 기분 좋은 엄마의 손놀림에 그대로 잠이 들고 싶었던 날이 거기에 있었다.

최근 몇 년 동안 그때만큼 달콤한 낮잠은 없었던 것 같다. 머릿속은 늘 무언가로 꽉 차 있고 비워낼 것도 없는데 자꾸만 비워내야 할 것 같은 마음에 수면은 부족하고 낮잠 한번 잘 들기도 쉽지가 않았다. 그러니 약 기운이 불러온 낮잠이 얼마나 감사한 일인지 모른다. 피로가 풀어져 그저 좋으니 사실 너무 쏟아지는 잠이 부작용이든 작용이든 상관없는지도…

낮잠을 잘 자고 나니 입맛도 돌고 귀여운 것은 더 귀엽고 사랑스러운 것은 더 사랑스러웠다. 몸이 가벼워져서 미뤄두었던 일들에도 눈길이 갔다. 우선 산만하게 놓여 있는 데스크 위의 잡동사니를 주섬주섬 준비해 둔 케이스에 담아 한쪽으로 치우고 리넨소파와 쿠션을 툭툭 두드려 모양을 잡아주었다. 서랍장 정리까지 마치고 나니 마음까지 후련해졌다. 외출을 해도 멍하고 총기 없이 돌아다녔는데 오랜만에 활기가 돌았다.

증평에서의 오후

•

그저 푸르르고
그저 머문다.

살아간다는 것은 결국 빛을 찾는 과정이다. 세상이 내 것인 양

모든 일에 운이 따를 때는 내 주변을 환하게 비추고 있는 빛을

잊고 살지만 인생에 어둠이 깔리면 가장 먼저 생존의 빛을 찾게 된다.

촛불처럼 희미해도 한 줄기 빛을 잡을 수만 있다면 살아가는 일은

훨씬 수월해진다. 그 빛을 키워가면서 나의 영혼을 살리고

삶을 지탱해 간다. 오늘이 조금 힘겨웠더라도 지치지 말자.

깜깜해질수록 빛은 더 밝게 빛난다.

"바닐라라테 주세요. 따뜻한 거. 먹고 갈게요."

주문을 하면서 이미 달콤한 바닐라 향이 입속에 번진다. 진동벨이 울리는 시간을 기다리며 증평의 산과 하늘을 번갈아 가며 훔치다가 미동도 없는 호수에 물결을 일으킬 듯 뚫어지게 바라본다. 그러다가 카메라 줌 아웃을 하듯 등을 뒤로 밀어 눕듯이 앉아 한꺼번에 전체 뷰를 눈동자에 담아보려고 애를 쓴다.

지금 나는 일개 물건이고 자연은 봄을 섬기는 사제와 같다. 너무 웅장하지도 거세지도 않은 풍경에 숙연해진다. 햇살도 일렁일 듯 바람이 불고 있는데 너무나 고요하고 안정적이다. 봄이 왜 자연에 깃드는지 온 마음을 다해 이해하고 있다. 꽃 한 송이 없이도 아름답고 인간의 손길 하나 없이도 단정하고 우아하다. 사제가 원하면 내 넋을 빼두고 가는 것쯤 일도 아닐듯싶다.

주문한 라테를 받아와 내 테이블 위에 올려두니 하얀 거품이 뭉게구름처럼 번져 타이핑하는 내 손등 위에 살포시 올라앉는다. 주변의 모든 움직임과 소리가 보드라워진다. 완벽한 순간이다. 머릿속은 개운하고 공기는 달콤하고 주변은 온통 푸르다. 주에 한 번 정도 증평을 오고 있다. 산속 깊숙이 있는 이곳이 개발되지 않았다면 평생 내게 없었을 장소와 시간에 감사한다. 개발한다고 산등성이를 몇 개나

베었을까 싶어 안타깝다가도 여기 사제의 품에 안길 때의 그 포근함과 안정감이 좋아서 자꾸만 찾고 있다.

SNS에 사진 한 장을 찍어 올린다. 도시 안에서 생활에 최선을 다하고 있을 그들에게 잠시 기쁨이 되어주지 않을까 하는 좋은 마음이 움텄다. 나의 선물이 아닌 사제의 선물임을… 생색은 내가 내고 있다. 사제는 나 같은 좀도둑 정도는 느긋이 품어준다. 창가에 앉아 있어도 햇살은 멀리 있었는데 어느새 가까이와 그늘을 덮쳤다. 타이핑하던 손놀림을 잠시 멈추고 창문에 달라붙은 햇살에 손을 살짝 올려본다. 새끼손가락과 손등, 옷을 걷어 올린 팔 위로 햇살이 살짝 닿는다. 따스함은 없지만 기분이 좋다.

나는 어쩌면 떠나기 싫어 이곳을 자꾸만 찾아오는지도 모른다. 안면을 튼 지가 꽤 되다 보니 내게 한없이 다정하고 푸근하다. 나를 품어주는 사제에 나는 더 가까이 가지도 않고 멀리 있지도 않다. 늘 비슷한 거리에 앉아 인사를 나누고 가끔 눈을 마주치며 내게 베푸는 모든 아량에 감사하고 평안함을 즐긴다. 이 봄의 사제는 욕심이 없다. 그저 푸르르고 그저 머문다.

다음 주에도 나는 이곳에 와서 같은 카페에 들러 바닐라 라테를 주문하고 같은 풍경을 만난다. 나는 또 감탄하고 감사하며 사제께 경의를 표하겠지. 오랫동안 빼앗기지 않는 시간이기를 바라본다.

살다 보면 삶이란

슬픔과 기쁨,
두 줄기의 강물이 흘러
함께 만나는 곳이 삶이다.

오른쪽 다리를 심하게 절며 몸이 왼쪽으로 스러질 듯 절뚝거리는

등이 굽은 할머니. 힘겹게 지팡이에 의존해 더듬거리는 걸음으로

할머니에게 다가가는 보호자 할아버지.

서로의 자리를 챙긴다. 병원에서 만난 노년이다.

어느 날에 생각하면 나는 너무 자랐고 어느 날에 생각하면 여전히 내 몸만 자랐구나 생각이 든다. 엄마가 맹장수술을 하게 되었다는 통화를 한 뒤로 덤벙대는 나는 영락없는 어린애가 아닌가. 정작 엄마에게 필요한 모든 것은 동생이 챙기고 나는 부랴부랴 쫓아가는 게 다였다. 수술이 끝나고 누워서 아파하는 엄마의 머리카락을 쓸어주면서 엄마의 한쪽 손에 가래를 뱉을 화장지를 접어 쥐여주는 것이 고작 내가 한 일이었다.

자그마한 엄마는 더 작아져 바닥으로 꺼져버릴 듯 쪼그라지고 있었다. 엄마는 매일을 그렇게 작아지고 작아지고 사라질 때까지 작아지는 건가. 이마를 짚어보고 붓기가 남아 있는 손가락을 내 손 위에 올려보고 끌러져 있는 윗도리의 윗단추를 잠가주면서 지나치게 조용해져 있는 나를 느꼈다.

살아간다는 것은 어느 만큼 위기와 고난과 죽음을 관망해야 하는 것일까? 아빠가 가시고 큰아버지 두 분이 돌아가시고 큰외삼촌이 너무나 가슴 아픈 모습으로 떠나셨을 때 모두 내가 할 수 있었던 건 그저 애도뿐이었다. 내 아빠의 죽음은 어느 분의 그것보다 나를 더 괴롭게 했지만 죽음 자체는 같았다. 허망하고 허망했다. 엄마의 수술은 대단치 않았을지 모르지만 나는 그것이 죽음과 진정 먼일일까 의심하고 두려웠다.

 살아 있음이 진정한 괴로움 그 자체일지도 모른다. 삶이란 누군가를 떠나보내기 위한 과정인지도 모른다라는 생각을 하면서 잠깐의 수술로 지나갈 수 있는 엄마의 상황이 너무나 감사했다. 한편 벌어진 상황에 의젓하게 대처하는 동생을 보면서 부끄러움을 느꼈다. 나는 여전히 기대어 살고 있구나. 조용하게 엄마의 곁을 지키려는 나는 두려운 것임에 틀림없었다.

 병상 위에 앉아 간병인을 타박하는 아주머니와 시끌시끌하게 스피커폰으로 통화하는 사람들과 기침을 하며 거친 숨소리를 내는 사람들로 머릿속이 빙빙 도는 작은 4인 병실에 앉아서 나는 엄마를 탈출시키고 싶다는 생각만 했다. 그 부산스러운 공기를 벗어나야 엄마도 나도 진정 살 것 같았다. 간호사에게 쫓아가 1인실을 요청하고 옮겨지기까지 나는 표현할 수 없는 공포에 시달리고 있었다.

 1인실로 엄마를 모시고 나서야 안정이 되면서 나는 더 이상 죽음을 생각하지 않았다. 그저 병상에 누워 있는 주름이 쭈글대는 나의 김 여사가 더 이상 작아지지 않기를 바랐다. 삶은 종종 나를 갑작스레 혼란스럽게 한다. 그때마다 나는 테스트를 받는 느낌이다. 내가 삶에 정면으로 대응하며 잘 살고 있는지 그런 어른으로 성장하고 나이 들어가고 있는지 삶이 내게 요구하는 가치는 무엇인지 풀어야 하는 답을 내야 할 때가 있다.

그때마다 열심히 고민하고 풀이를 하지만 항상 제대로 답을 내고 있는 것 같지는 않다. 그럼에도 삶은 지속되고 벌어질 일은 또 벌어진다. 그럴 때마다 나는 조금씩 더 지혜로워지기만을 바란다. 나와 내 삶이 자라야 내가 지켜야 할 것을 지키고 지나야 할 과정을 슬기롭게 지나갈 테니까. 놀란 가슴을 쓸어내리던 볕 좋던 한낮에 나는 잠시 길을 잃었었다.

잠 이루는 밤을 위하여

별빛도 달빛도 아닌
끊임없는 평안이
나의 잠에 머물기를.

피곤한 하루 뒤에 남는 기분이 어느 때보다 개운했다.

비 맞고 지치고 근육통까지 온몸 어디 아프지 않은 곳이

없다 싶은데도 다시 가고 싶은 곳. 그것으로 좋다.

몸이 편해도 마음이 불편한 곳은 떠난 자리도 불편한 법이다.

"요즘 수면은 어떠세요?"

의사가 물었다.

"바꾼 약이 잘 들어서 잘 자고 있어요. 대낮까지 너무 졸려서 문제이긴 해요. 가끔 잘라서 먹고 있어요."

"그럼 아예 반 개씩 드릴까요?"

의사가 다시 물었다.

"반 개는 또 부족하더라고요. 조금만 잘라내고 먹을게요."

"네, 그럼 그대로 처방해 드릴게요."

다음 진료일을 잡고 여느 때와 같이 간호사분과 잠시 수다를 떨다가 병원을 나섰다.

전에는 약보다야 다른 방법을 찾아보는 게 좋겠다고 생각하여 수면에 도움이 되는 영양제도 섭취해 보고 저녁에는 허브티나 와인을 조금 마셔보기도 했다. 운동을 해보기도 하고 침구류는 수도 없이 바꿔보았다. 그런 노력에도 불구하고 새벽 두 시나 네 시만 되면 잠이 깨버려서 하루 종일 머리가 무겁고 결국 생활에도 좋지 않은 영향을 끼쳤다.

아침부터 저녁까지 졸았고 집중력이나 기억력 감퇴에도 영향을 주는지 운전 중에 브레이크 버튼을 누르는 일도 있었다. 안 되겠다 싶었던 중에 병원을 가는 일이 생겼고 수면유도제도 처방받아 먹고 있다. 약을 먹기 시작한 후로 생활에 많은 긍정적인 변화가 생겼다.

일단, 수면이 부족하지 않아 전반적인 삶의 질이 향상되었다. 밤에 일찍 잠이 들어 여섯 시나 일곱 시 즈음에 일어났다. 아침에 눈을 뜨면 글을 쓰는 여유가 생기고 차도 한잔하며 느긋하게 하루를 시작할 수 있었다. 도무지 기운이 나지 않아 젖은 빨래처럼 축 늘어졌던 몸을 놀려 책을 읽고 외출하는 일도 잦아졌다. 생활에 활기가 생겼다. 덩달아 웃는 일도 많아졌다.

그러다가 약을 바꾸게 된 건 최근의 일이다. 너무 약에만 의존했던 탓일까… 다시 수면시간이 줄어들기 시작했다. 이번 약은 담당의사도 복용 중인 약이란다. 친절한 의사는 자신의 경험을 통해 아침에 일어나 한두 시간은 좀 더 졸릴 수 있다고 미리 언질을 주었다. 처음 얼마간 복용했을 때는 한두 시간이 아니라 거의 하루 종일 잠을 잤다. 개인차가 있으니 좀 더 먹어보자 했는데 여전히 잠이 지나치게 쏟아졌다. 안 되겠다 싶어 며칠 전부터 약을 쪼개서 먹었고 적당량을 찾았다. 결국 의사에게는 복용량을 나중에 통보하는 형식이 되어버렸지만… 다시 알맞은 농도의 잠을 자고 있다.

다만 이번에는 약에만 의존하지 않고 좀 더 움직이고 수면에 도움이 되는 것들을 동시에 해보자 마음을 먹었다. 당장은 무엇보다 스트레스를 받지 않고 평정심을 유지하려고 애쓰고 있다. 마음이 시끄러우면 잠들기 전에 떠오르는 잡다한 생각들이 비집고 올라와 수면시간이 길어도 개운치가 않다.

평상시에 즐거운 경험을 많이 만들려고 노력한다. 이미 발생한 스트레스를 극복하려고 애쓰는 것보다 즐거움으로 상쇄시키는 게 더 효과적이다. 수면은 스트레스의 영향을 많이 받는다. 예민한 성격의 나는 피할 수 없는 수면의 적이 스트레스이다. 그림을 그리고 카페에서 책을 읽고 바이크를 배우는 기분 좋은 행위들이 스트레스를 컨트롤하는 데 많은 도움이 된다. 오늘은 병원을 다녀오는 길에 네일숍에 들러 손톱에 말린 장미색을 물들였다. 운전을 하면서 신호에 걸릴 때마다 손톱을 들여다보는데 자꾸만 웃음이 났다. 작은 행복으로 오늘도 나의 수면을 응원해 본다.

필라테스 날다

●

세상에 있지만
나는 세상에 있지 않다.

몸의 무게를 감당하는 일은 너무 쉬운데

마음의 무게를 감당하는 건 언제나 어렵다.

마음의 무게는 어떻게 재야 할지 모르겠다.

내 마음을 읽는 것이 가장 서툴다.

내려다보는 하늘에 얼굴을 맞추고 구름 한 점 없는 푸른 바닷빛에 시선을 담근다. 생각이 흔적을 지우며 아스라이 사라진다. 바람 한 점 없는 뜨거운 날씨에도 하늘은 그토록 시원하다. 열기가 느껴지지 않는 하늘은 잠시 그대로 머무르다가 흰 구름을 불러 흘러가기 시작한다.

"숨을 더 깊게 뱉으실 수 있죠? 조금만 더 조금만 더."

필라테스 강사의 목소리에 번뜩 정신을 차리고 배가 쏙 파이도록 힘을 주며 한가로움을 물리쳤다. 나는 정신을 바짝 차려 배에 집중하고 하늘은 멀어져 갔다.

강사는 계속해서 내 몸을 지배해 가고 나는 하나의 의문 없이 강사의 목소리에 내 몸을 맡긴다.

"허리만 움직입니다. 등은 그대로 바닥에 있습니다."

나는 가슴을 지그시 눌러 등을 바닥에 붙이려고 애를 쓰며 허리를 조금씩 들어 올려본다. 유연한 몸을 느끼며 나의 정신은 계속해서 배에 집중되어 있다.

"허리만 눌러줍니다. 등은 그대로 바닥에 두고 허리만 움직입니다. 배에는 계속 힘이 들어가 있고 어깨의 힘은 빼고 자꾸자꾸 길어집니다."

 강사의 명령어는 분명하면서도 부드럽고 조용하다. 나는 흐트러지지 않는다. 내게 명령을 내리는 강사에게 반감이 일어나지 않는다. 목을 길게 늘어뜨리며 머리끝까지 척추를 타고 오르는 에너지를 느낀다. 가슴은 점점 더 눌러지고 들어 올렸던 허리를 최선을 다해 힘을 빼고 눌러준다. 근육이 탄생하는 순간들이 너무나 부드러워 자는 듯이 몽롱해지기도 한다.

 내가 몸을 펼치며 누워 있는 곳은 2층의 폴딩도어로 창문을 낸 조용하고 화려하지 않은 정제미가 있는 공간이다. 필라테스를 하는 동안 나의 몸과 마음은 2층에만 머무른다. 하늘도 폴딩도어가 열려 있는 사각의 틀에 갇힌 것이 전부이다. 세상에 있지만 나는 세상에 있지 않다. 나는 오로지 2층에만 존재하며 나의 몸은 내 의지 없이 부드럽고 강한 명령어에만 따른다.

 복잡한 일상을 저 멀리 내려두고 마르고 길쭉한 내 몸에만 집중하며 비우고 또 비운다. 정적인 몸의 움직임이 동적이던 나의 모든 잡념을 집어삼키는 시간이다. 2층의 공간에서 나는 텅 빈 깡통 같은 몸에 근육의 에너지만을 채운다.

타이완, 타이베이 그리고 나

추억은 가슴에 담고
발길은 다시 여행을 떠난다.

내 여행의 시작도 그 여행의 끝도 그리움이 벅차도록

너무 커서 나를 통째로 집어삼킬 줄 알았다.

제주의 바다는 나를 한 번 우물우물 씹고는 파도를 태워 보내버렸다.

- 여행에서 여행으로 옮아가며

살아 있지만 살아 있지 않고 죽은듯하지만 살아 숨 쉬는 도시의 아침을 나는 이해하지 못했다. 타이베이 사람들의 들숨 날숨은 축축한 공기 사이로 비집고 들어가 비가 내리면 함께 흘러내렸다. 바닥으로 떨어져 하수구로 흘러 들어가는 그들의 숨소리가 내게는 고요했고 테너의 저음 같은 낯선 공기였다.

'축 늘어진'이라는 표현이 도시 곳곳에서 느껴져 나는 억지로 눈을 한 번씩 부릅떴다. 무덤에 갇혀 벗어나려 애쓰며 흙을 긁어대는 나의 영혼의 몸부림은 그렇게 단순하고 명료했다. 도시는 밀림이었으며 늪지대였다. 나는 하늘을 향해 솟아오르지 못하고 아래로 쏟아지는 가지들을 가진 억세고 우락부락한 몸의 나무들이 빼곡한 거리를 걷지 않고 차로 이동하는 것을 감사했다.

도시 중앙에 나를 내려놓지 않는 기사에게 고마운 마음을 표하며 타이베이 도시인들에게는 미안함을 표했다. 타이베이의 괴기스럽게 그늘진 거리를 사랑할 수 없는 나는 못된 이방인이었으며 추방당해 마땅한 인물이었다. 나를 머물게 해주는 이 도시에 아무 감탄도 보내지 않는 것은 내 고마움의 표현이었다.

  타이베이에서 유일하게 내게 존재하며 의미 있는 가이드와 드라이버에게는 끊임없이 감사의 마음을 전했다. 그들이 내게는 내 나라로 무사히 돌아가게 해줄 유일한 동아줄이었으며 그 세계를 사람의 세계로 인식하게 해주는 증명이었다.

  도시를 벗어나 외곽으로 갈수록 나는 더더욱 음침해지는 기분을 어쩔 수가 없었다. 군데군데 푸르스름한 잿빛 하늘과 짙어지는 안개가 백 년 된 음식점 안의 나를 덮쳐올 때의 그 공포는 한 번도 느껴보지 못했던 표현할 수 없는 감정을 일으켰다.

백 년 된 음식점 담벼락 사이사이에 잠들어 있을 찌든 음식 냄새와 죽음의 냄새가 안갯속에서 피어날 것 같은 습기에 몸서리를 치며 안개가 다시 떠나며 절벽 아래 바다를 드러내기를 기다렸다. 안개는 물결처럼 흩어졌다 밀려 들어오기를 반복했다.

　취두부 냄새와 하수구 냄새가 뒤섞인 역사의 거리를 위로 아래로 뒤섞여 바삐 지나다니는 관광객들은 애니메이션 〈센과 치히로의 행방불명〉에 나오는 고스트 무리로 보였다. 나는 어쩌면 신기루의 거리 아니, 상상의 거리에서 길을 잃어버린 게 아니었을까.

천둥을 날리던 순간에 쏟아지던 빗줄기를 기억한다. 대박이라고 쓴 천둥을 하늘로 올려보내는 순간 내리던 가느다란 빗줄기를. 이 불결한 방문객에게 그곳의 하늘은 희망을 내려주었다. 무엇이 나를 품어주었을까?

"타이완의 남부는 날씨도 다르고 관광하기 좋아요."

가이드가 남겼던 그 말에도 나는 다시 타이완을 방문하고 싶다는 마음을 먹지 못했다. 그럼에도 천둥을 축복해 주던 그 빗줄기를 잊지 못해 내어주지 못한 내 마음의 부족함에 대해 용서를 빌며 감사했다. 무사히 머물게 해줬던 도시의 아량에 진심을 담아 인사를 했다.

카르마

삶의 소용돌이는 때론
그 속도를 못 이겨
튕겨 나오는 부산물을 만든다.

살아가는 일에 진심이라면 무슨 일이든 넘어설 수 있다.

그 진심은 외면당할 수도 있고 인정받지 못할 수도 있지만

적어도 스스로를 성실하게 만든다. 그 성실함은 마음을

더 단단하게 만들고 옳은 길을 가고 있다는 확신을 준다.

적어도 원하는 길을 두 발로 당당히 걸어가고 있고

또 걸어갈 수 있다는 뜻이다.

그 길에서야 마침내 네잎클로버를 만날 수 있다.

"죄송해요. 못 봤어요. 앞쪽에 버스 피할 생각만 하다가… 제가 나이가 칠십이에요. 운전한 지 3개월인데 이백 벌어가는데… 회사손해를 끼치면 잘려요. 빵빵 해주셔서 감사해요. 덕분에 제가 멈춰서 많이 안 긁었어요. 감사합니다."

내 차에 접촉사고를 일으킨 버스 기사님이 반복해서 하시던 말씀이다. 내게 하는 말인지 놀라셔서 혼자 중얼대는 말씀인지도 모르게 아무리 괜찮다고 진정시켜 드려도 기사님은 사고처리가 끝날 때까지 반복했다. 내일부터 비가 계속 올 거라는데 마지막 안간힘을 쓰듯이 바싹 달아오른 태양이 내리쬐고 사고 현장 뒤에 줄줄이 멈춰 서는 차들은 조급해 보였다.

처음 경험해 보는 사고에 당황한 나는 차선을 넘어오면 어쩌시냐고 한 소리는 했는데 사실은 그저 제정신이 아니었을 뿐이다. 멍하니 있다가 어디에선가 보았던 영상이 기억난 듯 휴대폰을 들어 현장사진과 비디오를 찍기 시작했다. 셔터를 계속 눌러대는 동안 쉬지 않고 말을 하고 있는 기사님의 목소리에 정신이 하나도 없었다.

비엔나소시지처럼 두 대의 사고차량 뒤에 서 있던 차들은 잠시 후에 막혀 있지 않은 중앙차선을 넘어 반대편 차선으로 느릿느릿 이동해 지나갔다. 그것은 마치 작은 물고기 떼가 열을 맞춰 헤엄을 치는듯했고 물 흐르듯 자연스러웠다.

벌겋게 달아오른 기사님의 얼굴은 뜨거운 날씨 탓인지 놀란 탓인지 점점 더 붉어지고 있었다. 터질 듯이 달아오르고 있었다. 붉어지는 만큼 기사님의 놀란 눈동자는 점점 더 떨리고 손은 부들부들, 흘러내리는 흥건한 땀… 자신의 몸 상태보다 회사에 알려질 것이 두려운 노인.

오늘 하루 벌어 하루를 살아가는데…라고 생계를 걱정하고 있는 70대 노인의 그 불안함을 보며 모든 것을 이해하고 용서할 수 있을 것만 같았다. 현실에서 생계보다 중요한 것이 있을까? 70대 노인이 운전을 해도 되는가에 대한 이성적인 판단은 뒤로 미뤄진 채 기사님과 내가 어제와 같은 모습으로 서 있을 수 있다는 사실에 안도했다. 기적은 항상 요란하게 일어나지 않는다.

비극적인 일이 일어나지 않았음에 감사했다. 버스회사와 사고처리를 하지 않음으로써 한 사람의 오늘 밥줄을 건드리지 않아도 되는 상황만큼 더 감사할 일은 없었다. 연락처를 주고받고 먼저 돌아가시는 기사님의 오늘 운전이 안전하기를.

오늘도 이렇게 감사하게 하루를 보낸다. 나는 참으로 운이 좋은 개체 중의 하나라는 생각에 안심이 된다. 기사님도 나도 사랑받고 있음을 새삼 확인하는 날이 되었다. 우리의 생존은 내일이 있다는 것. 어제만 해도 우려가 되었던 장마가 온다는 비 소식이 새로운 삶의 축제처럼 조금은 반가워진다.

차 수리도 비용처리 없이 잘될 거니까 청심환이라도 드시라고 전화를 드렸다. 나중에 기사님으로부터 문자가 왔다.

사모님 버스기사입니다 너무 죄송하고 미안합니다 사모님 너무 고맙고 감사합니다 사모님 항상 건강하시고 행복하시길 바랍니다 기해가 다면는 식사라도 한번 대접할게요

이분이 사주는 식사는 정말 맛이 있겠구나… 생각하며 답글을 보내면서 시큰해졌다. 삶의 소용돌이는 때론 그 속도를 못 이겨 튕겨 나오는 부산물을 만든다. 나는 오늘 부서져 있지만 온전한 정신이 깃든 하나의 부산물을 주웠다.

시선에 대한 오해

그가 나를 좋게 봐주었다는 것은
순수한 나의 가치라기보다
그 사람의 시선에
햇살이 들어 있었기 때문이다.

오늘 내가 행복했던 이유.

비, 안개 그리고 토닥여 준 목소리.

마음속의 호주머니를 열어두자.

그 매일의 행복한 시선이 담길 수 있도록.

"가상세계는 정말로 현실세계의 하나의 대안이 될 수 있을까요? 아직은 그러기엔 우리가 서로 만나며 나눠 온 인사 속의 두 눈이, 악수하며 전하고 전달받은 믿음과 약속이, 안아주며 간직해 온 반가움과 아쉬움이 아주 강하게 인간다움을 형성하고 있다고 생각해요. 그래서 여기서 뵙는 분 글과 목소리들이 자연스레 그분을 한번 뵙고 싶다고 생각하게 되는 것도 같고. 낳아주고 길러줬던 가족과 친구들이 서운하게도 눈과 몸에서 멀어지면서, 우리에게 남은 건 화면과 손가락이에요.

그것으로 우리는 지금껏 접촉으로 나눠오던 것들을 대신해야 하는데, 그마저도 쉽지 않아요. 보나쓰 씨는 그렇게 가끔 보고픔을 적는 사람인 것도 같아요. 감정 이야기만 하면 애정결핍이나 자의식과잉 등 질병으로 대하는 여기 인터넷 왕국에서, 그녀는 좀 당당할 정도로 반가워하고 그리워하고 아쉬워하며 보고파 해요.

우리를. 어디가 가면 갔다, 오면 왔다, 보이면 왔냐, 가면 힝.
왜 이 사람이 하면 자연스럽죠?"

스레드에서 어떤 분이 자신의 피드에 남겨준 〈인물탐구〉라는 제목의 나에 대한 글이다. 처음에는 읽고 당황하고 뭔가 불편한 심경에 지워달라고 할까 망설였다. 그러고 보니 그는 이미 "말씀하시면 소리소문없이 지울게요."라는 댓글을 달아두었더라.

　그 댓글에 본문을 다시 읽으면서 불편했던 건 그의 시선이 아니라 나의 비뚤어진 마음이 아닐까 생각했다. 근래에 스레드를 통해 인연을 맺고 있는 한 사람에 대한 의문을 갖게 되면서 불신이란 단어가 뇌리에 남아 있던 참이었다. 직관하지 않았던 나의 불찰을 돌아보고 있었다.

　그가 나를 좋게 봐주었다는 것은 순수한 나의 가치라기보다는 그 사람의 시선에 햇살이 들어 있었기 때문이다. 타인의 시선으로부터 얻을 수 있는 건 나 자신은 아니다. 진실일지 거짓일지 모를 낯선 나의 단편이다. 내게 애초에 없었을지도 모르고 인지하지 못했을지도 모르는 파편.

　그럼에도 고양이의 시선 같은 그의 탐구는 매우 인상적이며 또 하나의 나를 탄생시켰다. 나는 이 신선한 타인으로 인해 오늘 내게도 타인이 되었다. 나 자신을 편견 없이 바라본다는 건 불가능하다. 스스로는 자신을 미화시키며 승화시킬 수도 있다. 지금 이 순간 다행히도 나는 관대함을 내려놓고 새로 만난 나를 들여다볼 수 있다.

 몇 날 며칠 비가 퍼부을 것만 같던 장마 소식은 어디 가고 꿉꿉하고 후끈한 날씨가 이틀째 지속되고 있다. 이런 날씨에는 의욕이란 공중에 뜬 헛소문과 같은 것이다. 내 눈과 손가락은 가장 닿기 쉬운 세상 스레드로 향한다.

 나는 그 속에서 타인을 어떤 눈으로 보고 있을까에 대한 상념을 조금 보태며 화면에서 쏟아지는 빛 속으로 들어간다.

물컵을 채우다

온전히 나의 감각으로
삶이 채워지는 소리를 듣고
깊이를 느끼면서 나를 그려간다.

어떤 인생을 살아도 우리에겐 언제나 선택의 기회가 있다.

견디는 것도, 포기하는 것도 모두 소중한 선택이지만

지금의 인생이 싫거든 그 선택을 바꿔보자. 나를 위해서.

잠을 깨면 부엌으로 가서 미지근한 물 한 컵을 따라 마신다. 물컵은 머그잔의 반 정도 되는 사이즈이다. 톡톡 손톱으로 건드리면 살짝 둔탁한 소리를 내는 일본 어느 디자이너의 작품이다. 오묘한 레드, 오묘한 블루, 오묘한 그린, 나는 컵의 색깔들을 그렇게 명했다. 불투명한 컵에 물든 색들이 정말 오묘하기 때문이다.

다른 컵들을 제치고 나의 물컵으로 당첨된 것은 몽글몽글 공기층이 들어가 있는 불완전성 때문이었다. 물 한 잔을 가득 채우면 비로소 완벽해지는 느낌이다. 조르륵 물을 따른다. 처음에는 바닥에 부딪히는 물줄기 소리가 들린다. 조금씩 채워질 때마다 컵의 울림통을 무겁게 치는 소리가 들린다. 물이 거의 채워질 때쯤 물줄기가 자신의 저항을 몸으로 받아내는 두툼한 소리가 들린다. 그럼 눈을 뜨고 따르던 주전자를 곧추세운다.

어느 날 너무 일찍 깬 새벽은 깊고 깊은 바다 아래에 가라앉아 있는 듯 고요했다. 밤새 켜두는 음악 소리도 없었고 가끔 들리면 깜짝 놀라는 원인 모를 작은 소리들도 없었다. 새들도 늦잠을 자는지 지저귐이 없었다. 따르고 있는 물소리에 집중을 하게 되는 날이었다. 조로록으로 시작하는 오묘한 컵이 튕겨내는 소리를 듣다가 눈을 감았다. 오로지 소리에 기대어 물 따름을 멈췄다. 애개, 삼 분의 일도 채우지 않았다.

다음 날부터 도전에 들어갔다. 새벽에 물을 마시는 일은 이제 내가 소리만으로 물컵을 가득 채울 수 있냐는 것이었다. 둔탁한 소리를 잘 들어야 한다. 실력은 왔다 갔다 하지만 지금은 제법 경계선 가까이까지 따를 수 있게 되었다. 새벽에 하는 나만의 놀이가 되었다.

눈을 감으면 작은 물컵에 물을 채워가는 일도 쉽지 않다. 놀이가 되지 않았다면 시원하게 한 번에 부어 여느 때와 같이 꿀꺽 들이키고 말았을 것이다. 하루만큼 실력이 늘어가니 흡족하다. 인스타그램의 팔로워 숫자를 보다가 이거 밑 빠진 독에 물 붓기인데라는 생각을 한 적이 있었다. 나는 아마도 하루에 천 명씩 나의 프로필을 좋아해 주는 사람들이 나타날 거라 기대한 적이 있었던 게 아닐까.

그러던 중에 누군가가 인스타그램에서 내게 접근해 왔다. 외국인이었다. 만 원에서 오만 원 사이의 금액을 지불하면 금액에 따라 팔로워를 차등 늘려주겠다는 제안을 했다. 팔로워를 기다리는 사람에게는 솔깃한 제안이다. 그제야 네다섯 장의 의미 없는 사진 몇 장에 갑자기 만, 십만 팔로워를 가진 사람들의 프로필이 이해가 되었다. 사실 그런 사람들은 내국인, 외국인 할 것 없이 꽤 많다.

잠깐의 호기심으로 끝난 그 일은 나의 인스타그램 프로

필을 사랑해 주고 팔로우해 주는 사람들의 고마움을 새삼 느끼는 계기가 되었다. 나와 그들과의 교감으로 이루어진 소중한 인연들이다. 지금은 팔로워 숫자보다 그들과의 대화를 좋아하는 마음이 더 크게 자리하고 있다. 가끔 다른 사람들의 프로필을 들여다보며 좋은 느낌을 받을 때 말을 걸어보는 여유까지 생겼다.

온전히 나의 감각으로 삶이 채워지는 소리를 듣고 깊이를 느끼면서 나를 그려가고 싶다. 그것은 내게 주어진 특권이다. 나이를 먹는다고 내면의 깊이가 함께 따라오는 것이 아님을 안다. 태어나서 살다가 죽어서 흙으로 돌아가는 것. 단순한 진리가 '살다가'라는 부분에서 모두 범벅이 된다. 실타래가 꼬이지 않도록 오감을 잘 발동시켜 봐야겠다. 오늘 새벽에도 눈을 감고 물컵을 채워보았다. 오로지 둥근 잔의 울림에 집중을 하고 소리가 충분히 무거워졌다 싶을 때 물소리를 멈추고 눈을 떴다. 물은 컵의 반을 조금 넘어 있을 뿐이다. 그래도 어제보다는 결과가 좋다.

조도 13,400 lux의 아침

●

별것 아닌 일상의 행동이
우아하게 그림처럼 움직였다.

이제 아침이다. 잠을 깨고 눈곱을 닦아내고 나를 깨울 시간이다.

하루의 시작은 내가 편한 대로. 오늘의 모든 시작과 끝이

자유롭기를 바라. 전에 없던 재밌는 일이 벌어지면 좋겠다.

그것은 분명 오늘을 들뜨게 하겠지. 오늘 문을 열고 나가면

하울의 움직이는 성을 타고 있는 상상을 해본다.

캐스퍼와 소피 할매가 구워주는 따뜻한 빵과 수프를 먹는 재미를.

오늘은 네 시의 새벽을 보지 못했다. 눈을 뜨고 시간을 확인하니 여섯 시. 몸을 들썩이며 일어나 침대 끝에 아무렇게나 걸쳐놓았던 원피스를 바로 펴서 입었다. 이불 밖으로 나오면서 쌀쌀하다는 생각을 했는데 몸이 바로 데워지는 느낌이었다. 부드러운 코튼원피스가 몸을 기분 좋게 감쌌다. 머뭇거릴 틈이 없다. 빠르게 움직였다.

아침이 되면 당연한, 모든 빗장을 열어젖힌다. 커튼을 열고 창문을 열고 음악을 열고 마음을 열어 밤새 침체되어 있는 공기를 순환시킨다. 봄날 같은 가을이었다. 베란다를 지나 거실 한가운데를 침투한 햇빛이 바닥의 먼지까지 빛을 불어 넣었다. 호로록 불면 바닥의 빛이 산만하게 나릴 것만 같았다. 커튼을 벽까지 당겨 붙이니 넓은 거실 창에 밝음이 옮겨붙어 나도 집 안도 환하게 빛났다. 나와 집이 하나가 되어 어울렸다. 물아일체의 경지에 이르렀다.

그럼 이제 신선놀음을 하면 되는 건가? 음악을 바꿨다. 조 히사이시의 곡을 틀고 흥얼거리며 부엌으로 가서 그릇장 옆 빨간 스메그 냉장고를 열었다. 공차를 꺼내 빨대를 힘차게 꽂아 한 모금 쭈욱 넘겼다. 거침없이 모든 과정이 매끄러웠다. 카페인 131mg의 점보사이즈 블랙 밀크티는 언제나 나의 베스트 프렌드로 놀음에 초대되었다.

어느새 13,400lux의 조도가 집 안을 밝히고 있었다. 이제 나와 공간은 빛으로 연결된 하나의 작품 같았다. 예술이 별건가 이런 게 예술이지 거만한 자세로 테이블 앞에 앉았다. 음악을 키우고 아이패드를 열었다. 발가락을 연신 꼼지락거리며 춤을 추었다.

애플펜슬을 들어 스케치 전 4B연필을 깎듯이 펜슬 촉을 한 번 빙그르 돌려본 후에 펜촉을 조여주었다. 별것 아닌 일상의 행동이 우아하게 그림처럼 움직였다. 팔목을 몇 번 풀어주고 슥슥 그림을 그리기 시작했다. 언뜻언뜻 음악 소리에 귀가 홀려 고개를 흔들었다. 가끔은 제멋에 겨워 눈을 감았다. 산만해서 더 기분 좋은 아침이었다.

오케스트라가 한 몸이 되어 악보를 달렸다. 표현할 수 없는 웅장함이 공간을 가득 메웠다. 나는 펜을 아예 내려놓고 눈은 허공에 두었다. 쨍한 바이올린 소리가 스피커를 뚫고 나왔다. 그림은 이미 잊었다. 그 시간이 너무 좋아 정신이 혼미해짐을 느꼈다. 바람 없이 바람 타는 여자가 되어버렸다. 뭔가 우쭐한 듯 양쪽 어깨를 가볍게 들어 올렸다 내려놓기도 했다. 신들린 듯 들뜬 기분을 탔다.

어느 가을 마지막
류머티즘 기록

내가 나를 보듬는 일은
세상을 따뜻하게 만나는 일이다.

삶의 행복도 고통도 영원하지 않다는 것은 어쩌면 신이 주신

가장 큰 선물이다. 절망 속에서도 희망을 찾는,

희망 속에서도 절망을 보는 롤러코스터 같은 삶을 지속할 수 있는

이유는 영원함이 없기 때문이다. 오늘 조금 힘들더라도

좌절하지 않고 오늘 조금 기쁘더라도 오만하지 않고

나에게 주어진 하루하루를 묵묵히 살아낸다.

봄날 같은 하루였다.

 계절의 이상이 불러들인 밝은 햇살과 선선한 바람에 져버린 꽃이 다시 필 것만 같은 날이었다. 잎사귀는 다시 파래져 빠진 물이 길바닥에 단풍으로 흐를 것만 같았다. 거꾸로 가는 계절이야기는 들어본 적이 없다. 가을은 아직은 제 갈 길을 잘 갈 것이다.

 제 인생이 정해져 있는 계절에 잠시 질투가 난다. 뜨거운 태양의 뭇매를 맞고 낙낙한 바람의 위로를 받으며 우여곡절 끝에 흘러가지만 한길을 간다. 그냥 갈 길이니 걸어간다. 그 인내가 부럽고 결정할 길이 없으니 더 부럽다.

 힘든 날이었다. 며칠 전부터 오른 류머티즘 통증으로 열 손가락이 붓고 손바닥에 불이 난 듯 뜨겁고 따끔거려 오늘 아침에도 걱정에 휩싸였다. 바이크를 보러 가기로 한 날이었다. 블라인드를 당기고 창문을 열었다. 새벽 공기가 차고 건조했다. 오늘은 다른 날보다 해 뜨는 시간이 빠른지 금세 밖이 밝아지고 있었다. 나가지 말까 망설이다가 다시 다녀오자 생각을 바꿨다.

욕심이 화를 불렀다.

예전에 남았던 약을 먹을까 서랍장을 열었다가 닫았다. 버텨보기로 했다. '룰 1번, 버티면 안 된다.'를 거슬렀다. 참는다고 이미 오른 통증이 가라앉지는 않는다. 알고 있으면서 늘 약을 먹지 않으려고 고집을 피운다. 안 먹어도 넘어가는 날이 많아진 이후로는 더 버티기를 한다.

텅 빈 반포대교를 넘어가는 건 오랜만이었다. 창문을 내리니 역시 오늘도 가을바람이 숨어 있었다. 몸이 으슬으슬했다. 흐릿해져 있는 머릿속이 개운했으면 하는 마음에 창문을 닫지 않았다. '룰 2번, 몸을 차게 두지 말아라.'를 거슬렀다.

가을이 오고부터 매일 창문을 열어 들이마신 찬 공기 덕분에 감기기운이 늘 겉돌면서도 떠나지 않았다. 집의 온도를 높이고 가끔 환기를 하면서 계절을 받아들였다. 날이 추워지면서 류머티즘이 심해지지 않을까 했던 우려가 현실이 되기 직전이었다.

다섯 시간이 훌쩍 지나면서 통증이 발바닥까지 번졌다. 외식을 하지 않고 일찍 돌아왔다. 들어오자마자 옷과 가방을 대충 던져두고 간단히 채소 섭취를 한 후에 급하게 스테로이드를 먹었다. 안마의자에 쓰러지듯 몸을 뉘었다. 혼미하게 늘어지는 상태가 왔다. 나는 그 상태를 기절이라고 표현한다. 오랜만이었다.

다짐해야 하는 일

정신을 차리고 보니 저녁 아홉 시가 조금 넘었다. 머릿속은 가만히 뒤를 짚어본다. 뭘 했더라? 뭘 하지 않았더라?

류머티즘이 슬그머니 오를 준비를 하고 있었으니 단속을 단단히 했어야 했다. 넘겨야 할 고비가 한 번 더 온듯하다. 두려움에 잠깐은 울어버리고 지나간다. 몸은 어리석지만 마음만은 현명하고 강하게 다져가려 노력한다.

내일 컨디션이 좀 회복되고 나면 생활의 대부분을 환자 모드로 재설정할 예정이다. 즐거움의 일부를 조금 포기할 뿐이다. 당근보다 채찍을 좀 더 쓸 뿐이다. 나를 다독이며 오늘도 잘 이겨준 지친 몸에 감사한다.

멈추지 않는

•
행복하다 말할 필요 없이
행복하기를.

살아가다 보면 내 눈에만 보이는 낭떠러지가 있다.

낭떠러지를 보면서 이리저리 떠밀려 가다 보면

결국 그 끝에서 추락할 것 같지만 이미 방향을 틀어

오솔길로 접어들어 있는 나를 발견한다.

나는 그것을 본능이라 부른다. 살고자 하는 본능,

제대로 나아가고 싶은 본능. 그것은 내가 억지로 끊어내지 않는 한

끊기지 않는다. 오늘도 내일도 삶의 고삐를 단단히 쥐고

내 본능을 믿어보기로 한다.

아침이 되어도, 일어난 지 두 시간이 지났어도 잠 속에서 유영을 하고 있는 흐리멍덩하지만 부드러운 시간 속에서 나는 내가 깨어 있음을 증명하려는 듯 계속 서성인다. 아이패드를 열어 어제 그렸던 그림을 보면서 허점을 발견한다. 충전을 하지 않은 노트북을 가져다 고속충전 한다. 내게 더 남아 있는 질문이 없는지 더듬거리며 허공에서 눈동자를 굴린다.

비가 온 듯이, 올 것처럼 흐린 회색 구름이 드리워진 날에 느닷없이 한 줄기 빛이 스쳐 지나가는 걸 보며 나는 갈 길을 잃은 영혼처럼 그 빛에 흔들린다. 오늘은 그런 날이다. 멈춰 있고 싶지 않은 어두운 날.

열세 살 때 수술을 받고 퇴원은 미뤄지고 살아 있었지만 죽은 사람처럼 병상에 들러붙어 있던 그해, 어느 새벽 네 시.

눈이 반짝 뜨이고 통증이 전혀 느껴지지 않고 곁에서 쪽잠을 자는 엄마의 머리카락이 한 올 한 올 생생하게 느껴지던 그날이 생각난다.

정면으로 나 있는 창문으로 마치 신이 있음을 증명하듯이 아침 해가 쏟아져 들어왔다. 모든 것이 정지되어 있는 것처럼, 오롯이 가엾은 어린 내 영혼만이 맞이한 새벽처럼,

병상에서 당장 내려가 뚜벅뚜벅 걸어 빛 속으로 들어가도 좋을 날이었던 그날.

그대로 멈춰 세상을 떠나고 싶지 않다고 가슴이 울먹였던 그 어둡던 날에 나는 홀로 깨어 있었다. 죽음에 가까웠던 나의 육체는 다시 새살이 돋고, 새 장기를 얻은 것처럼 당장이라도 어둠을 걷어내고, 전날 저녁에 침울한 모습으로 병원을 돌아서 나가던 아빠에게 뛰어가 이 세상 어떤 빛보다 환하게 웃어줄 수 있을 것 같은 날이었다.

그날이 몇 년에 한 번씩 내 영혼을 깨운다. 죽음의 그림자가 언제나 문턱에 있었지만 감히 나의 발목을 잡아채지 못했고 내 부모가 지켰던 수많은 병실의 밤을 더 깊은 어둠으로 끌고 가지 못했던 그해 그날이 언제나 행복하라고 머리를 쓰다듬는다.

나가는 글

 이 책의 주체가 내가 아닌 당신이었으면 한다. 내가 써 내려간 상념과 고백의 말들은 이미 세상에 드러남으로써 그 운명을 다했다. 당신을 통해 그 죽음이 삶으로 재탄생되면 좋겠다는 욕심을 내본다.

 사계절이 지나는 동안 글을 쓰면서 인식이 참 새롭다는 생각을 했다. 나는 이토록 평범한 삶을 살고 있었던 건가 하는 느낌이 들어서이다. 순간순간 많은 시간에 고독했고 행복마저도 치열했던 내 인생이 결국은 별스럽지 않았다는 걸 받아들인다.

 누군가의 삶이 내게 일어나지 않았을 뿐이지 특별한 삶은 없다. 힘들게 느끼면 한없이 힘이 들고 가볍게 느끼면 깃털처럼 가벼워지는 게 삶이다. 삶을 사유하는 나의 버릇은 지칠 때마다 숨을 불어넣고 마음의 무게를 줄이는 데 도움을 주었다. 누구에게나 그런 무엇이 있다고 믿는다.

 나를 방치하는 순간에 삶은 쏜살같이 나를 놓아버린다. 나를 지지하는 것은 삶 그 자체가 아니다. 잘 살아가고자 하는 절실한 의지이다. 당신에게 있을 그 무엇, 위로가 되고 용기가 되고 설렘이 되어 공기처럼 머물며 당신을 편안하게 해줄 그 존재를 찾기를 바란다.

삶은 느끼는 것보다 잔인하지 않다. 행복한 만큼 행복하지도 않고 불행한 만큼 불행하지도 않다. 받아들이는 내 마음의 넉넉함과 사려는 생각보다 단단하게 삶의 밝음을 지탱하고 고즈넉한 인생을 조형한다.

내게 집중하는 시간에 사력을 다한다. 나를 보듬고 위안을 건네고 허투루 사는 내가 되지 않도록 다정해지려 노력한다. 자유롭지 않은 나를 경계한다. 살면서 꼭 지키며 살아가야 하는 규칙은 거의 없다. 아무려면 어떤가. 조금은 내려놓고 하늘도 보고 자연도 느끼고 잠깐은 생활의 여유도 느끼면서 산다. 그러다 보면 쫓기지 않는 행복의 규칙도 만들어진다.

나는 오늘도 새벽에 눈을 떴다. 내게 새벽이 좋은 건 고요한 주변만큼 내 마음의 바다도 고요하기 때문이다. 전날 밤까지 일었던 풍랑이 언제 잠들었는지 새벽은 고요하고 또 고요하다. 머릿속에 떠오르는 상념에 혼란이 아니라 사랑과 희망이 담기는 건 그래서 너무나 자연스럽다. 힘겨운 일이 있다 해도 한숨으로 하루를 열지 않는다. 걱정한다고 하루가 더 행복해지지 않는다. 문밖이 전쟁터라 할지라도 숨을 고르고 감사하며 또 하루의 문을 연다.

아
무
렴
어
때

초판 1쇄 발행 2024. 10. 22.

지은이 보나쓰
펴낸이 김병호
펴낸곳 주식회사 바른북스

편집진행 김재영
디자인 김민지

등록 2019년 4월 3일 제2019-000040호
주소 서울시 성동구 연무장5길 9-16, 301호 (성수동2가, 블루스톤타워)
대표전화 070-7857-9719 | **경영지원** 02-3409-9719 | **팩스** 070-7610-9820

•바른북스는 여러분의 다양한 아이디어와 원고 투고를 설레는 마음으로 기다리고 있습니다.

이메일 barunbooks21@naver.com | **원고투고** barunbooks21@naver.com
홈페이지 www.barunbooks.com | **공식 블로그** blog.naver.com/barunbooks7
공식 포스트 post.naver.com/barunbooks7 | **페이스북** facebook.com/barunbooks7

ⓒ 보나쓰, 2024
ISBN 979-11-7263-157-4 03810

•파본이나 잘못된 책은 구입하신 곳에서 교환해드립니다.
•이 책은 저작권법에 따라 보호를 받는 저작물이므로 무단전재 및 복제를 금지하며,
이 책 내용의 전부 및 일부를 이용하려면 반드시 저작권자와 도서출판 바른북스의 서면동의를
받아야 합니다.